KB048702

한병환,
지역화폐로
경제를 읽다

나를 위해, 부천페이

한병환, 지역화폐로 경제를 읽다

한병환 지음

더봄

한병환,
지역화폐로 경제를 읽다

제1판 1쇄 인쇄   2022년 2월 3일
제1판 1쇄 발행   2022년 2월 8일

지은이   한병환
펴낸이   김덕문

책임편집   손미정
디자인   블랙페퍼디자인
마케팅   이종률
제작   백상종

펴낸곳   더봄
등록일   2015년 4월 20일
주소   서울시 노원구 화랑로51길 78, 507동 1208호
대표전화   02-975-8007 ‖ **팩스** 02-975-8006
전자우편   thebom21@naver.com
블로그   blog.naver.com/thebom21

ⓒ 한병환, 2022

ISBN 979-11-88522-98-9 03340

부천의 난제를 해결하고,
미래를 열어가는 단초가 되길!

책을 낸다며 추천사를 청하는 한(韓) 의원 목소리에 힘이 실려 있다. 그 나름 원고에 만족스러워한다는 느낌이다. 그와 부천을 위해 반가운 일이다. 혹 오해가 있을까 싶어 먼저 이 얘기부터 꺼내는 것이 좋을 듯하다. 얼마 전까지 청와대에서 일했으니 한병환 선임 행정관이라 부르는 것이 맞겠지만, 내겐 '한 의원'이란 호칭이 익숙하고 편하다. 내가 부천시장으로 일하던 때 시의원인 그와 6년을 함께 한 인연이 죽 이어져 왔기 때문이다.

추천사를 쓰는 지금 시점에서, 가장 최근에 한 의원을 만난 것은 20여 일 전이다. 2021년을 하루 남겨둔 12월 30일, 민주주의자 김근태 의장 10주기 추도행사가 있던 경기도 마석 모란공원이었다. 부천 태생인 김근태 의장은 내겐 고향 선배이자 대학 선배이며, 1970년대 반 유신 투쟁을 함께 한 동지이기도 하다. 을씨년스럽고 추운 날씨였다. 먼저 와 있던 한 의원이 나를 발견하곤 좇아 내려와 반갑게 인사를 한다. 따스한 차 한 잔 대접받은 느낌이다. 10년도 훨씬 넘는 연하의 정치인이지만, 그가 김근태 선배를 잊지 않고 추모하는 모습이 고맙다.

나와 김근태 선배와 달리 한 의원은 부천에서 태어나진 않았다. 하지만 그는 스스로 부천을 찾아와 35년 째 이곳에 머물며 살고 있다. 노동운동을 위해 왔고 시민운동을 하다 정치인으로 살아온 세월이 이 만큼 흘렀으니, 토박이는 아니지만 난 그를 부천 사람이라 생각한다. 어쩌면 부모의 인연이 만든 생물학적 태생지보다는 스스로 선택한 사회적 활동공간으로 고향을 정의하는 것이 더 정확하지 않을까!

오래토록 내가 지켜본 한병환은 선한 사람이다. 정치인으로서 마땅히 지녀야 할 품성이지만, 현실 정치에서는 이런 것이 오히려 흠이 되기도 한다. 19대 총선에 도전한 이래 그가 오랜 정치 공백기를 보낸 이유일지도 모른다. 내 경우 1988년 정치인으로 첫 도전을 실패하고 초선 국회의원인 된 그 다음 선거에서 또다시 낙선했다. 툴툴 털고 다시 일어나려면 주변의 도움도 있어야 하지만 무엇보다 정치를 해야 할 당위와 자신을 단련시킬 결기가 필요했다. 당위는 공적 삶을 추구하는 것이고, 결기는 엄격한 자기 관리와 서늘할 정도의 실행력이다.

난 그가 추구하는 가치와 그가 보여 온 실천력을 믿는다. 1987년 노태우 씨가 대통령에 당선되던 바로 그날, 부조리한 사회구조에 맞서 다시 싸움을 시작하겠다며 부천에 왔던 그다. 얼마 전 경기도 마석 모란공원에서 민주주의자 김근태를 함께 추모했던 한병환을 통해 청년시절 다짐이 여전히 그의 화두임을 읽는다. 이런 태도로 문재인 정부 청와대 2년 6개월 동안 그는 자영업자, 중·소상공인들을 위한 정책을 펼쳤을 것이다. 여기에 더해 관료들과 회의하면서 그들을 설득하기 위해 나름의 이론적 토대를 쌓았고, 정책 관철을 위한 여러 묘책까지를 고민하며 내적 성장을 했을 것이다. 그 결과물의 하나로 책을 출간한다고 하니 나로서도 기쁠 수밖에.

이 책을 보며 그가 지역화폐 전도사라는 느낌을 받았다. 재정 자립도와 자주도가 낮은 기초단체가 지역 상권에 활력을 불어 넣을 수 있는, 투자 대비 성과가 뚜렷한 효능감 있는 정책으로 지역화폐 발행 확대를 주장한다. 경제규모는 이미 선진국 반열에 올라섰지만, 분배와 소득의 불균형이 극심한 한국경제의 병폐를 극복하는 수단의 하나라는 주장도 한다. 대기업 유통판매시설에 집중되는 소비패턴을 입점 제한만으로 막을 수는 없기 때문이다. 지역화폐에 담긴 인센티브는 자연스레 시민들이 자영업자와 소상공인들의 매출에 기여할 수 있게 한다. 시민들에게 지역화폐 사용으로 얻을 수 있는 경제적 동기가 감각적으로 확 들어오기 때문이다.

난 오랜 전부터 삶을 어떻게 마무리하는 것이 올바른 것인가를 고민해 왔다. 개인 차원이 아니라 사회적 논제로 함께 생각해보는 것이 지금의 삶을 더 의미 있고 윤택하게 할 것이라는 믿음 때문이다. 물론 선친의 영향도 컸다. 국회의원 직을 그만 둔 지금 웰 다잉well dying의 사회적 공감대 확산을 위한 노력에 집중하고 있지만, 부천의 현재와 미래에 대한 고민이 없을 수는 없다. 평생 발붙이고 살아온 부천이기 때문이다.

서울과 맞닿아 있는 인구 80만 명이 훨씬 넘는 대도시라 하지만 개발 여력이 있는 공간자원은 극히 적고 서울 다음으로 인구밀도가 높은 도시, 경제성장 동력이 약해진 도시, 원도심과 신도시의 불균형에 더해 신도시 또한 새로운 도시계획 필요성이 제기되는 도시가 부천이다. 이곳을 어떻게 시민들이 좀 더 안락하게 지낼 수 있도록 할 것인가, 그 방안이 될 중장기적 공간구성과 정책은 무엇인가, 또 그것을 실현할 재원은 어떻게 마련할 것인가, 문화도시 부천의 면모를 어떻게 시민 개개인의 삶속으로 투영시킬 것인가.

부천을 기반으로 둔 정치인들에게 던지는 나와 부천시민들의 질문이다. 혼자 힘으로 해결하기 어려운 난제들이다.《나를 위해 부천페이 - 한병환, 지역화폐로 경제를 읽다》가 이 문제를 풀어 나아가는 하나의 단초가 되길 기대한다.

재선 부천시장, 5선 국회의원

원혜영

부끄러운 마음으로 부천시민 여러분께 새로운 책 하나를 선보입니다. 이 책은 크게 3장으로 구성되어 있지만 중심 주제는 '지역 화폐'입니다. 제가 청와대에 근무하면서 한 일 중에서 가장 중요한 것 중의 하나가 바로 이 지역화폐의 발행을 지원하는 일이었기 때문입니다.

저 역시도 지역화폐에 대한 지식이 많은 것도 아니었고, 관심 또한 적었습니다. 더구나 과거 '지역상품권' 형식으로 발행되었던 지역화폐는 시민들에게 그리 환영받는 상품이 아니었습니다. 대개는 단체장의 의지에 따라 발행하고 공직사회를 중심으로 애향심에 기대어 유통되던 것이 제가 아는 지역화폐의 전부였습니다.

그런데, 코로나 팬데믹 상황에서 '지역화폐'는 그 능력을 우리 사회에 새롭게 선보였습니다. 참으로 놀라운 변화입니다. 이번 코로나 팬데믹은 저에게도 지역화폐의 역할과 기능에 대해 새롭게 눈뜰 수 있었던 계기가 되었습니다.

서두에서 제가 청와대 행정관으로서 한 업무의 중요한 부분이 '지역화폐 발행을 지원하는 일'이라고 말씀드렸습니다. 그러다 보니 자연스럽게 화폐의 역사를 비롯해 지역화폐의 해외사례, 지역화폐가 대안화폐로서 가지는 가능성, 지역화폐가 왜 지역경제 활성화의 수단이 될 수 있는가에 이르기까지 지역화폐의 여러 가지 개념을 공부할 수 있었습니다. 돌이켜 보면 너무 힘든 시간이기도 했지만 저에게는 보석과도 같은 시간이었습니다.

이 책에서 제가 얼마나 '지역화폐 활성화를 위해 노력했는가'를 굳이 밝히려 하지는 않겠습니다. 대통령을 모시는 공직자가 자신의 업무에 최선을 다했다는 것은 너무나 당연한 일이기 때문입니다.

하지만 분문에 미처 적지 못한 내용이 있어 프롤로그에서는 간략하게나마 밝혀드리고 싶습니다.

대한민국은 관료의 권한이 매우 큰 사회입니다. 제가 청와대에 들어가기 전에도 그런 생각을 했지만 실제 청와대에서 직접 대면한 공직사회는 하나의 섬이었습니다. 인적교류야 그렇다 해도 의식의 접점이 차단된 별개의 영역 안에 갇혀 있는 모습을 자주 경험했습니다. 권력은 짧고 공직은 길다는 처세로 민주적 통제가 더디게 작용하는 것이죠. 많은 사람들은 청와대의 한마디면 모든 공직이 돌아간다는 생각을 하기 쉽습니다. 과거에는 그런 시절도 있었다고 합니다. 박정희 대통령 시절, 청와대라는 말한마디는 나는 새도 떨어뜨린다는 표현이 정확했을 겁니다.

그러나 김대중 대통령 이후 소위 진보정부의 청와대는 상명하복을 강제하거나 관료를 통제하지 않고, 가치를 중심에 놓고 권력을 운용해 왔습니다. 관료들은 이러한 정권의 특성을 파악하고 틈새를 파고들며 자신들의 주장과 이해를 관철시키려 합니다. 그러다 보니 정부 정책이 확정, 관철되기까지 지체나 왜곡이 발생하기도 했습니다.

여러분도 공감하시겠지만, 코로나19로 인한 전 국민 대상 재난지원금 지급을 둘러싼 논란이 하나의 사례라 하겠습니다. 개인적으로는 소상공인, 자영업자에 지원이 좀 더 신속하고 과감하게 이뤄지길 소망합니다.

미국의 경우에는 우리나라 1년 GDP에 상당하는 돈을 일시에 풀었습니다. 국민들의 생활이 도탄에 빠지지 않도록 현금을 지원한 것입니다.

독일의 사례도 대동소이합니다. 독일은 전 세계에서 가장 엄격하게 국가부채를 관리하는 나라임에도 불구하고 과감하게 현금을 지원했습니다. 여기에는 이유가 있습니다.

독일에는 역사적으로 특별한 경험이 있습니다. 1차 세계대전의 전범국인 독일은 그 전쟁을 일으킨 대가로 엄청난 전쟁배상금을 물어야 했습니다. 국민들이 열심히 일해서 모은 돈이 국민경제를 위해 쓰인 것이 아니라 전쟁배상금으로 들어갔습니다. 그러니 국가경제가 제대로 돌아갈 리가 없었습니다. 1921년 하반기 독일에서는 매달 물가 상승률이 무려 300%를 웃돌았고, 1923년 10월 한 달 동안에는 물가가 거의 300배나 뛰어오르는 초 인플레이션이 발생했습니다. 믿기지 않지만 사실입니다.

이런 살인적인 물가상승을 비롯한 경제파탄은 독일 국민들에게 잘못된 선택의 길을 열어주었습니다. 바로 히틀러의 등장입니다. 많은 사람들이 히틀러가 군사 쿠데타로 정권을 잡았다고 생각하지만 실제로는 그렇지 않습니다. 히틀러는 국민들의 투표,

즉 선거로 당선되었습니다. 히틀러가 당시 주장한 공약은 '전쟁 배상금을 물지 않겠다.'는 것이었습니다. 궁핍한 생활로 고생하던 독일 국민들은 히틀러의 이 공약에 환호했고, 결국 히틀러는 압도적인 표차로 당선되었습니다.

그 이후 벌어진 2차 세계대전에 대해서는 다들 너무나도 잘 알고 계실 테니 생략하겠습니다. 따지고 보면 1차 세계대전의 전쟁배상금이 결국은 히틀러를 만들었다고 해도 과언이 아닙니다.

이런 역사적 경험으로 독일 연방헌법에는 '국가는 물가관리를 잘해야 한다.'는 조항이 있을 정도입니다. 사실 우리나라 헌법에는 이런 조항이 없지만 어쩌면 '국가의 물가관리 책임'이라는 것은 굳이 조항이 있고 없고의 문제가 아니라 국가의 기본적인 책무에 해당됩니다.

그럼에도 독일이 이런 내용을 헌법에 넣은 것은 그들만의 역사적 배경이 어떠했는지를 보여주는 것입니다. 얘기가 좀 곁가지로 새긴 했습니다만 그런 이유로 독일은 국가부채의 수치를 법률로 정해 놓았습니다. 국가부채를 늘리기 위해서는 법을 고쳐야 하고, 법을 고치기 위해서는 연방의회의 승인이 필요하기 때문에 정부가 함부로 국가부채를 늘릴 수 없도록 되어 있는 것입니다.

정말 독일답게 철저한 시스템을 만들었습니다. 그런 독일도 코로나사태의 대응에 있어서는 예외적으로 법을 바꿔가면서까지 국민들을 지원했습니다.

이렇게 비교해보면 우리나라의 지원금 규모가 많이 부족한 것이 사실입니다. 우리나라는 지난 20년간 경제영역에서 세계 10위 수준에 오른 나라입니다. 우리들의 머릿속에 뿌리박혀 있는 전쟁, 가난, '개발도상국'의 상황을 이미 오래전에 벗어난 나라입니다. 달라진 경제규모와 국제적 위상에 맞게 국민들, 특히 소상공인과 자영업자들의 피해를 지금보다 더 적극적으로 지원할 필요가 있다고 생각합니다.

그러면 이런 질문이 가능합니다.
"당신은 청와대에 있었다면서 왜 그렇게 하지 못했소?"

맞습니다. 그렇게 따질 만합니다. 저 역시도 청와대에 근무하면서 답답하게 느낀 부분이 많이 있었습니다. 그래서 지역화폐 발행을 대폭 늘리기 위해 더 열심히 뛰어다녔는지도 모르겠습니다. 이런 상황을 온몸으로 느끼면서 관료들을 민주적으로 통제할 방안, 인재선발과 운용을 획기적으로 개선할 필요성 등에 대한 많은 고민을 하게 되었습니다.

문재인 대통령은 과묵한 성품 그대로 매우 진중하게 국정을 운영하시는 분입니다. 그러나, 자영업 분야에서는 파격적이었습니다. 유사 이래 최초로 청와대에 자영업비서관실을 신설했습니다. 그동안 경제 정책의 아주 작은 분야에 머물렀던 자영업 정책을 독자적 정책 영역으로 확대한 것입니다.

이는 경제 정책에서 획기적인 일대 사건이라 할 수 있습니다. 지역화폐 정책에서 정부 지원 발행액이 대폭 늘어났습니다. 골목상권에 돈이 돌게 된 것이죠. 2018년 1,000억원, 2019년 2조 3,000억원, 2020년 9조 6,000억원, 2021년 15조원으로 확대시켰습니다.

한 정당의 후보로 대통령에 당선되었지만 그 정당의 주장대로만 국정을 운영하는 것도 현실에서는 어려운 일입니다. 정치 파트너로서의 야당을 존중하고, 반대의견까지도 수렴하는 국정 운영이 필요하기 때문입니다. 더구나 우리 사회는 아직까지 유교적 전통이 강하게 남아 있어 국민정서가 '대통령이 그래서는 안 된다.'는 인식이 강합니다.

솔직히 우리나라의 언론환경은 진보정권에 매우 불리합니다. 이들의 일방적 편들기 논조에 동조하지는 않더라도 대통령의 처신이 논란거리가 되지 않기를 바라는 국민들이 대다수입니다. 때때로 대통령의 행보가 지나치게 무겁다는 평가를 받는 배경 이면에는 이처럼 여러 제약이 작용합니다.

한 사람이 청와대에 들어가 대통령을 모시면서 동시에 여러 사람들과 협업하고, 주장하고, 상대의 의견을 들어가면서 어떤 정책을 통해 이루고자 노력하는 최종 목적은 결국 '국민'의 행복일 수밖에 없습니다. 저와 같이 경험과 지식이 일천한 사람도 청와대에 들어간 순간 그런 소명의식이 바위 같은 무게로 다가왔습니다. 한 나라의 컨트롤 타워에서 내가 과연 어떤 역할을 할 수 있을까? 내가 정말 잘할 수 있을까? 하는 내면의 고민이 가득했던 이유도 바로 '국가의 운영'에 참여한다는 무거운 책임감 때문이었습니다.

제가 맡았던 분야는 아닙니다만 코로나사태 대응에 대해서 한마디 말씀은 드리고 싶습니다. 우리나라는 누가 뭐래도 코로나로 인한 위급한 상황을 가장 잘 극복하고 있는 국가입니다. 국민들의 이해와 협조, 희생이 있어 가능한 성과입니다. 여기에 더해 대통령과 정부의 각 부처, 지방정부의 탁월한 집행력과 창의적 대응이 큰 역할을 했습니다. 마지막까지 이 고비를 잘 넘길 것이라 생각합니다.

각자의 정치적 입장에 따라 엄격하게 비판하는 분도 있을 수 있고, 당장의 생계가 어려워 정부의 방역조치에 불만을 가질 수도 있습니다. 그러나 어떤 수치로 보나 대한민국의 방역 성적은 세계의 다른 어느 나라도 감히 따라올 수 없을 정도입니다.

세계 유일의 초강대국이라는 미국은 지난해 말을 기준으로 80만 명이 사망했습니다. 인구 10만 명당 사망자수로 비교해 보면 과연 미국이 세계 초일류 국가인지 의심스러울 정도입니다. 평소 미국이 국민들을 위한 공공의료 체계를 어떻게 관리해 왔는지 단적으로 보여준다고 하겠습니다.

세계의 거의 모든 사회복지, 의료계 전문가들이 공통적으로 말하는 '전 세계에서 가장 많은 돈을 쓰면서 최악의 의료제도를 채택하고 있는 나라가 미국'이라는 말은 이번 코로나 사태에서 여실히 입증되었습니다.

우리나라에서도 '백신 접종 거부'의 사례가 있기는 하지만 서구에 비해 매우 적은 편입니다. 국민들께서 그만큼 국가를 믿고 협조해주시는 결과입니다. 국민 여러분들의 협력이 그렇게 고마울 수가 없었습니다. 참으로 위대한 대한민국 국민입니다.

문재인 대통령은 임기의 절반을 마스크를 쓰고 일하셨습니다. 코로나 상황이 아니었다면 여러 현장을 방문하여 보듬고 챙겨야 할 일들을 더 많이 했을 것이라고 생각합니다. 비록 늦은 인사입니다만 청와대에서 대통령을 모시고 국민을 위해 일한 사람으로서 국민들에게 고개 숙여 감사드립니다.

사회가 복잡해질수록 다양한 분야에서 갈등이 고조되고 있습니다. 하지만 솔직히 누구라도 얼굴을 맞대고 진심을 털어놓으며 대화한다면 풀지 못할 일은 없을 것입니다. 즉 허심탄회한 소통이 너무나 간절해지는 요즘입니다. 이에 진심을 전달하고 소통하고자 하는 마음에 책을 펴내게 되었습니다.

우선, 지역사회와 지방자치에 대한 생각을 정리해 봤습니다. 지역화폐 정착과 확산은 궁극적으로 지방자치정부의 운용 권한에 따라 크게 영향받기 때문입니다. '지방자치제도'의 역사와 성장은 물론 환경문제까지 다루어 보았습니다. 환경문제는 이미 현재의 과제이며, 지역단위에서도 관심을 가져야 할 사안입니다. 저 역시도 글을 쓰면서 새롭게 생각을 정리할 수 있는 좋은 기회가 되었습니다.

두 번째는 제가 정리하고 싶었던 '지역화폐'에 대한 얘기입니다. 전문성이 있어서라기보다는 청와대에 근무하면서 알게 된 새로운 사실, 지역화폐의 의미, 해외의 사례, 우리나라에서 발전되어 온 지역화폐 등 다양한 내용을 담았습니다. 쉽게 읽고 이해할 수 있도록 에세이 형식을 취했기에 복잡한 도표와 그림은 가급적 줄였습니다. 대신 사실 관계의 설명에 도움이 될 수 있는 자료의 경우 간략하게 정리하여 실었습니다. 여러분들과 함께 부천시의 지역화폐가 어떤 방향으로 진척되어야 하는가를 함께 공유해 주셨으면 좋겠다는 마음을 담았습니다.

세 번째는 '기본소득 시리즈'를 담았습니다. 아무래도 대선 시기 논쟁의 영역으로 확산된, 이재명 후보의 트레이드마크로 인식되고 있는 '기본소득, 기본주택, 기본금융'에 대한 한병환의 해설이라고 봐주시면 되겠습니다.

이 '기본시리즈' 내용을 넣은 이유는 이 책을 읽는 분들에게 이재명 후보가 왜 그런 정책을 생각했고 어떤 배경이 있으며, 그 정책이 어떤 효과를 거둘 것인지를 설명하는 것이 대통령 후보 선택에 좋은 정보가 될 것이라 생각했기 때문입니다.

여기에 더해 지방정부 운영을 책임지(려)는 사람들이라면 더더욱 기본소득에 관한 이해가 필요하다는 생각을 염두에 두고 적은 글입니다. 동시에 이 기본소득 부분을 통해 여러분들과 함께 부천시의 지역화폐가 어떤 방향으로 발전되어야 하는가를 함께 공유해 주셨으면 좋겠다는 마음을 담았습니다.

이제 졸저를 세상에 내놓습니다. 인쇄에 넘기기 전까지 열 번 넘게 망설였습니다. 이런 글을 책으로 내는 게 출판계에 누가 되지는 않을까 하는 염려도 있었고, 혹시나 제가 설명한 자료들이 사실과 다르면 어쩌지 하는 걱정도 있었습니다.

하지만 '한병환이 죽어라 고생한 지역화폐 얘기는 한 번쯤 자랑해도 된다.'는 친구의 조언을 듣고 용기를 냈습니다. 비록 부족하지만 여러분과 함께 부천시의 미래를 고민하는 좋은 계기가 되었으면 좋겠습니다.

코로나로 인한 비정상적인 생활이 3년째 접어듭니다. 이 책이 나올 때쯤이면 설 명절이 지났을 것입니다. 조금 뒤늦은 감은 있지만 2022년 임인년 새해에도 용기 잃지 말고, 우리 주위의 이웃을 돌아보며, 연대와 협력으로 지역사회를 발전시켜 나갔으면 좋겠습니다.

고맙습니다.

1장

지역을
생각하고
돌아본다

1

지역과
지방자치

올해로 우리나라에서 지방자치제도가 부활한 지 31년이 됐다. 1991년 3월에 기초의원 선거를 시작으로 지방자치가 부활되었고, 곧이어 6월에 광역의원을 선출하면서 1961년 군사쿠데타에 의해 일방적으로 중지된 지 30년 만이었다.

사실 우리나라에서 지방자치정부가 제도를 통해 제대로 자리잡기 시작한 것은 1991년이라기보다는 1995년이라고 봐야 한다. 이때부터 기초단체장과 광역단체장을 함께 뽑았기 때문이다. 그래서 1995년을 1회로 하여 올해인 2022년에 제8회 전국동시

지방선거를 치르는 것이다. 이런 식으로 단순 계산하면 민선 7기가 끝나가고 있으니 오늘을 기점으로 굳이 따지자면 28년째가 되는 것이다. 그러므로 우리나라 지방자치제도는 올해 6월에 출범할 민선 8기를 통해 실제 30년을 맞게 된다는 표현이 더 맞을지도 모르겠다.

그렇다면 그동안 우리나라 지방자치제도는 어떤 성과가 있었으며, 어떤 문제가 있었을까? 이 물음에 대한 답은 기준이나 관점에 따라 다양한 결과가 있을 수 있다.

하지만 몇 가지의 범주로 나눠보면 의미를 되새기는 데 도움이 될 수 있다. 먼저 제도 자체로 보면 이제 지방자치 제도는 정치인 선출의 한 통로로 정착되었다고 볼 수 있다. 비록 지방자치 제도 자체에 대한 국민들의 신뢰는 아직 기대에 못 미치는 게 솔직한 현실이다. 생각보다 지방정치인, 즉 기초의원, 광역의원, 단체장에 대한 신뢰가 크지 않다. 이렇게 된 데에는 여러 가지 이유가 있다.

우선은 1991년 지방의회가 부활하면서 의원들을 무급 봉사직으로 규정한 점이다. 어떤 사람이 생계에 대한 걱정 없이 의정활동을 하려면 경제문제에 구애를 받지 않아야 하는 것은 당연하다. 아주 돈 많은 사람이 대단히 선한 의지를 가지고 지역 내에서 공공선을 지향하는 자리에서 '모범적으로' 일한다고 하는 것은 생각보다 쉽지 않은 일이다. 그러나 이런 자연스런 이치에도 불구하고 처음 지방의회는 '무보수 명예직'으로 시작했다. 그러니 당연히, 대부분 '경제생활'에 부담이 없는 부자들과 토호들만이 이 경쟁에 뛰어들었다. 모든 구성원이 다 그렇다고 하면 조금 과한 표현이지만, 초기 기초의회가 '복덕방'이라는 비아냥을 받은 이유가 바로 그런 이유 때문이다.

그러다가 2006년이 되어서야 기초의회에서도 정당공천이 시작되고, 비례대표도 선출을 시작했다. 그리고 무엇보다 유급화가 시도되었다. 그로부터 16년이 흘렀다. 과연 어떤 변화가 일어났을까?

가장 눈에 띄는 점은 기초의회 구성원의 나이가 현격하게 젊어졌다는 점이다. 또 경제문제에 부담을 느꼈던 사람들도 대거 지방의회에 도전하기 시작했다. 결과적으로 보면 지방의회는 처음부터 이런 식으로 추진했어야 했다.

이것 말고도 우리나라 기초의회에는 근본적인 문제가 있다. 처음에 무급을 전제로 설계한 의회운영 방식이 정당공천제와 유급제를 도입하면서 의회운영 시스템을 손보지 않았다는 점도 그 중의 하나다.

지방자치제도가 부활한 1991년은 사전에 충분한 준비가 되어 있지 않았다. 사실 이 부분은 역사적인 면을 되돌아봐야 하는데, 원래 우리나라 지방자치제도는 1948년 제헌헌법부터 존재했고, 1949년 처음으로 지방자치법이 만들어졌지만 곧바로 실시되지는 않았다.

1952년 전쟁 중에 처음으로 지방선거가 도입되기도 했지만 전국에 걸쳐 동시에 실시된 것은 1960년 4.19혁명 이후라고 보는 게 사실에 가깝다. 그러다가 1961년 군사쿠데타가 일어나 전면 중단된 역사를 가지고 있다. 결론적으로 보면 지방자치 제도는 존재했지만 실제 그것이 현장에서 뿌리 내릴 시간적 여유가 없었다고 보는 게 합당하다. 심지어 1972년 유신헌법에는 '지방자치'를 통일 후까지 무기한 연기하도록 규정하였다.

여기에서 지방자치에 대한 중요한 개념을 하나 알아야 하는데, '지방자치'는 근원적으로 권한의 분산을 지향한다는 사실이다.

단 한 사람이 국가의 모든 결정권을 갖는 것을 우리는 '독재' 또는 '과도한 중앙집권'이라고 한다. 지방자치제도를 실시한다는 것은 집행권의 단순 위임이라고 이해하는 것보다는 결정권의 분산으로 규정하는 것이 맞다. 그래서 1972년 유신헌법에서 '지방자치제도'를 통일 후로 무기한 연기했다는 말은 그 당시 정권이 '분권'보다는 '독점 또는 독재'운영체계를 구축했다는 의미와 같다.

그러다가 1987년 시민항쟁 이후 1988년에 실시된 총선에서 소위 '황색돌풍'을 일으키며 당시 평민당이 비약적인 총선 승리를 거머쥐게 되었다. 이로 인해 우리나라 정치 역사에서 최초로 '여소야대'구도가 탄생되었고, 정치지형의 변화는 그해 국회에서 '지방자치법 전부개정' 성과를 가져왔다. 당시의 정당구조에서 보면 현 더불어민주당의 전신인 평민당이 '지방자치'에 대해 가장 전향적인 태도를 지니고 있었다.

이러한 지방자치법 전부개정은 당시 많은 사람들에게 '지방자치의 실시'로 받아들여졌지만 1990년 3당 합당으로 인해 국회의 구도가 '여대야소'로 급격히 바뀌면서 추진동력을 상실하고 말았다.

1990년 10월 당시 평민당 총재였던 김대중 전 대통령은 내각제 개헌 반대를 비롯하여 '지방자치제 전면실시' 등 4개항의 요구조건을 걸고 단식에 돌입한다. 결국 13일간의 단식으로 당시 노태우 대통령은 김대중 총재의 요구를 전면 수용하게 되어 1991년 3월 기초의원 선거를, 6월에는 광역의원 선거를 치렀다.

1990년 10월에 갑자기 결정된 지방자치제도의 부활은 이를 충분히 준비할 수 있는 시간이 뒷받침되지 않았다. 선거일까지 6개월도 남지 않은 시간 동안 새로운 제도를 설계하여 준비한다는 것은 상당히 어려운 일이었다.

이때 도입한 기초의회와 광역의회 구조가 좀 달랐는데, 기초의회는 정당공천을 배제했고 광역의원은 정당공천을 가능하도록 했다. 그래서 광역의회는 그 구조 자체를 국회와 비슷하게 설계했지만 정당 공천이 배제된 기초의회는 정당에 의한 책임정치 실현이 불가능한 한계가 있었다.

이런 이유로 기초의원들은 사실상 정당 활동을 하고 있으면서도 정당공천을 받지 못하는 겉 다르고 속 다른 제도가 15년간 유지되었다. 당시 여러 지역에서 사실상 공천이 아닌 내천 방식으로 후보를 결정했고, 그 과정에서 공천헌금 등 비리에 대한 잡

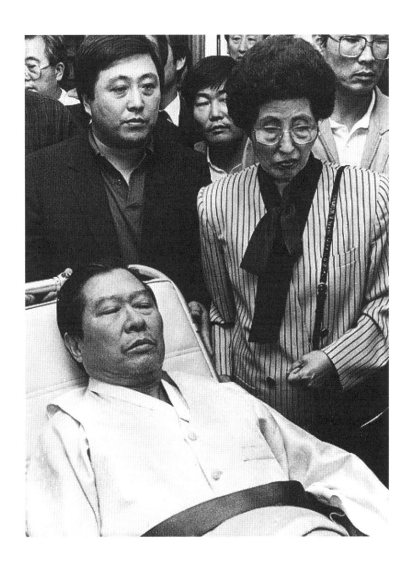

김대중총재 무기한 단식

내각제 포기·지자제등 4개항 요구
"거부땐 정권종식 투쟁"…평민의원 동조 농성

金泳三대표, 斷食 金大中총재 방문

政局타개 단독要談

악수는 나눴지만…단식 나흘째를 맞은 11일오전 金泳三총재를 平民黨총재실로 찾아온

4개항 수용노력=登院요청
內閣制포기 地自制등 요구

東亞日報

음이 끊이지 않았다.

최근 몇 년 사이 전국 기초의회에서 같은 당 소속의원들끼리 갈등하는 모습이 자주 연출됐다. 정당운용 매커니즘 뿌리가 약한 기초의회에서 사적 이해관계에 따라 투표하는 일이 벌어진 것이다. 명분도 없이 오로지 사적 이해를 위해 당론을 위반하는 행위가 여러 번 반복됐다. 더불어민주당이 과반을 차지하는 의회에서 국민의 힘 소속 의원이 의장으로 당선되는 사태를 떠올리면 된다.

상대적으로 광역의회에서는 이런 일이 한 건도 일어나지 않았다. 광역의회에는 원내 정당 운영방식이 도입되었고 기초의회에는 애초 그런 설계가 없었기 때문이다. 특히 7인 정수 기초의회의 경우는 단 1표만 가지고도 의장과 부의장 선출이 뒤바뀌면서 많은 갈등을 낳고 있다.

이것이 좋은 대안인지 확신하기는 어렵지만 기초의회 의원의 정수를 최소 11인으로 늘리고 원내 정당 운영구조를 도입하는 것이 기초의회의 여러 잡음을 없애는 방법이 아닐까 한다. 물론 기초의원 총수를 늘여야 하는 문제, 인구가 적은 소규모 기초단체와 특례시 같은 큰 규모의 기초단체 사이 인구비례에 따른 기초의원 수의 불균형이 확대되는 문제가 발생할 수 있다는 점은 고민이다.

본래 얘기로 돌아와서, 이렇게 발전한 지방자치 제도의 국민신뢰도는 현재까지는 상승 중이라고 할 수 있다. 아직까지는 지방의회가 100점으로 운영되는 게 아니라 100점을 향해 나아가는 과정이고, 앞으로 더욱 발전할 가능성을 바라봐야 할 것이다.

그럼에도 불구하고 현재의 구도에서도 큰 변화가 일어나고 있다. 기초단체장으로 시작해서 광역단체장을 거쳐 대선후보로 우뚝 선 이재명 후보가 대표적인 케이스이다. 최근 우리나라 대선은 다선 국회의원이라는 경력만으로는 대선에 도전하기 어려운 정치 환경이 조성되었다. 대선후보로 확정된 이재명 전 경기도지사를 비롯해서 이낙연, 김두관, 최문순, 이광재, 양승조 등이 모두 광역단체장 출신이었다. 이것은 비단 더불어민주당만의 문제가 아니다. 국민의힘 역시 다수의 경선후보가 광역단체장 경력이 있는 정치인이었다.

미국의 경우, 아주 특별한 소수의 경우를 제외하고 거의 모든 대통령들이 주지사, 상원의원 출신이다. 그런데, 미국의 상원의원은 우리의 국회의원과 개념이 다소 다르다. 미국 상원의원은 연방국가의 특성에 따라 일종의 부주지사 개념으로 연방의회에 파견되는 개념이 더 강하다.

2018년 미국의 존 메케인 상원의원이 사망했을 때 보궐선거를 치르지 않았다. 그냥 주지사가 상원의원을 지명했다. 2021년 12월에 코로나로 사망한 미국 워싱턴주 더그 에릭슨 상원의원도 보궐선거를 치르지 않고 주지사가 후임 상원의원을 지명했다. 이것이 바로 미국의 독특한 상원 구조인데, 상원의원은 인구를 대표하는 것이 아니라 각각의 주정부를 대표하는 개념으로 작동되기 때문이다. 연방제 국가의 특성이 반영된 것이라 할 수 있다.

필자가 생각하는 가장 바람직한 지방자치제도의 운영과 인재선발 방식은 아래에서부터 검증하는 것이 아닐까 생각한다. 미국의 경우 일반적으로 기초의회로 시작해서 주 하원의원, 주 상원의원을 거쳐 주지사, 연방 상원의원의 과정을 거치는 경우가 정형화된 코스라 할 수 있다.

우리도 지방자치에서 훈련되고 경험을 쌓은 다수의 의원들이 국회로 진출하거나 단체장에 진출하는 경로가 만들어지도록 하는 것이 바람직하다고 생각한다. 그러기 위해서는 국회의원과 지방의원이 수평적, 상호 협력적인 관계를 형성할 수 있는 제도와 정치 환경 조성이 필요하다.

　총선을 앞두고 타 분야에서 명성을 쌓은 인재를 영입하면서 의석을 확보하는 경우가 많다. 그들 중 일부가 당선 이후 의정활동의 특출한 성과 없이 정치무대에서 사라지곤 하는 문제점과 한계가 있었음을 떠올려 보면 더욱더 그러하다. 우리 사회도 이제 시시히 딘체장 경험 없이는 국정을 책임진디ᄂ 것이 어렵게 되어간다고 볼 수 있다.

2

지방과
지역

'지방'이라는 단어는 사실 '중앙에 반대되는 개념의 변방'이라는 의미다. 말하는 입장에서는 별것 아닌 것 같지만 듣는 입장에서는 사실 기분 나쁜 말이다. '서울외곽순환도로'가 2020년 '수도권제1순환도로'라고 이름이 변경되었는데, 그 과정을 보면 우리 사회가 얼마나 중앙 중심의 사고를 하고 중앙과 변방으로 차별적 구분을 하는지 쉽게 알 수 있다.

사실 그동안 '서울외곽순환도로'라는 이름에 대해 그 누구도 '문제점'을 발견하거나 '이의'를 제기하지 않았다. 그러던 중

2018년 경기도지사에 당선된 이재명 지사가 처음으로 이 명칭에 대해 문제점을 지적했다.

　사실 서울외곽순환도로는 극히 일부분이 서울과 맞닿아 있을 뿐 모든 구간이 경기도에 걸쳐 있다. 그런데 그런 곳을 '외곽'이라는 부르는 것은 서울 중심의 편향된 사고라는 것이다. 그래서 서울의 입장에서 바라본 '외곽'이 아니라 모두의 입장에서 보편적인 '수도권제1순환도로'로 명칭이 변경된 것이다.

　결국 건설에 관여한 공무원을 비롯한 모든 이들이 설계부터 집행까지를 모두 중앙적 시각에서 했다는 말이다. 이런 시각의 반영은 비단 이 도로명 하나에만 국한된 것이 아니다. 정치의 본류는 '정명'이라는 공자의 말씀을 떠올린다면 더 많은 문제를 발견할 수 있을 것이다.

　그런 차원에서 '지방'이라는 단어 대신 '지역'이라는 단어를 쓰는 게 더 합당하다. 정확한 연도는 아니지만 강원도는 10여 년 전 강원도 조례에 들어 있는 '지방'이라는 단어를 모두 '지역'으로 바꾸었다. 법률·용어라서 어쩔 수 없는 것을 제외하고는 모두 수정한 것이다. 뒤이어 춘천시도 그런 조치를 했다. 이러한 두 가지 사례를 통해 '지방'과 '지역'의 차이를 극명하게 느낄 수 있다.

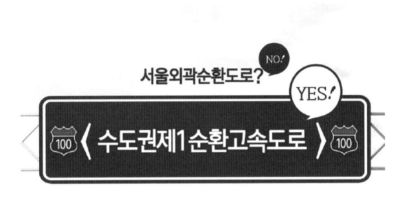

9월 1일부터 모든 표지판명칭이
'수도권제1순환고속도로'로 변경됩니다

우리 부천시는 단순히 행정구역으로서의 부천시뿐만 아니라 부천 지역이 가지고 있는 지역적 특성과 시민들의 자긍심이 강하다. 법률적 용어라서 어쩔 수 없이 '지방자치'라는 단어를 쓰고는 있지만 머릿속에는 '지역자치'라는 개념을 더 중요한 가치로 생각하는 것이 매우 중요하다. 지방보다는 지역이라는 단어가 자긍심을 높일 뿐 아니라 막연하고 추상적이었던 의미가 구체적으로 다가오기도 한다.

지역의 가장 중요한 가치는 공동체의 기본 바탕이 되는 공간이라는 점이다. 인간은 사회적 동물이다. 이는 단지 책에 나오는 관용구가 아니고 실제로도 매우 중요한 사실이다. 인간은 산속에 혼자서 살아가기 어렵다. 어느 방송에 보면 산속에서 자연인으로 살아가는 사람들이 나오곤 하는데, 그 역시도 세상과 완전히 단절된 삶을 사는 사람은 없다. 그리고 그런 독특한 삶을 추구하는 사람은 극소수다. 우리나라 국민 중 그렇게 사는 사람은 0.001%도 안 된다. 더 정확히 하자면 0%다. 그러니 이런 사람들의 생활양식을 우리 인간의 일반적 삶의 양식으로 인정할 수는 없다.

인간이 같은 공간 안에 모이면 그들 사이에 맞는 사회질서를 갖추고, 그 질서에 따라 지도자를 세운다. 이것은 인간의 문명 이전에도 존재했을 것이고, 앞으로도 계속 존재할 것이다. 사실 그런 면에서 지방자치 제도는 이러한 지역의 리더를 '선출'이라는 제도를 통해 정하는 과정이다.

이 지역 리더는 어떤 사람이 하는 게 좋을까? 이 질문에 대해서는 백인백색의 생각을 가질 수 있다. 미술을 하는 어떤 사람은 그 미술에 종사하는 사람들의 어려움을 살피고 도와주는 사람이 가장 좋은 사람이라 답할 수 있고, 음악을 하는 사람 역시 그에 맞는 요구가 있을 것이다. 여성은 여성대로, 남성은 남성대로, 청년은 청년대로, 노인은 노인대로 자신이 생각하는 바람직한 지도자상이 있을 수 있다.

하지만 그런 방식으로 수백 명의 지도자를 동시에 세울 방법은 없다. 인구가 3억 3천만 명인 미국도, 14억 인구의 중국도 시스템은 다르지만 각자 자신들의 방식으로 1명의 최고지도자를 뽑는다. 이 지도자는 혼자만의 생각과 고집이 아니라 주변 사람들의 도움을 받아 전체를 지휘하는 역할을 하게 된다. 이런 게 인간사회의 가장 평범한 모습이다.

지역의 리더를 세울 때 가장 중요한 관점은 누가 어떤 생각을 갖고 있는지 자세히 살피는 일이다. 보통 사람들의 생활이란 것이 각자의 삶을 영위해 나가기도 벅차다 보니 내가 뽑아야 할 지역의 리더에 대해 관심을 갖고 자세히 알아보는 것 자체가 어렵다. 관심의 크기도 다르고 방향도 제각각이다. 그래서 가장 보편적인 기준을 정하고 그 기준으로 사람을 판단하는 것이 일반적이지만 그것이 지역을 위한 가장 훌륭한 선택이 될 수 있다.

지역과
경제

지역 구성 요소는 너무 다양하여 하나하나 나열하는 것이 거의 불가능할 정도이다. 이런 어려움을 감안하여 지역의 기능을 크게 3가지로 나누어 보려 한다. 우선은 행정의 영역으로 지역을 살피는 것이고, 두 번째는 그 지역사회를 이루는 주민(시민)들의 관점에서, 세 번째는 경제적 관점에서 살피는 것이다.

먼저 행정의 영역에서 지역사회를 살펴보면 우선 그 지역의 구성을 대충 짐작할 수 있다. 경북 포항시를 대한민국 1%라고 부르는 사람들이 있다. 포항시는 인구부터 대략 대한민국 1%이기도 하지만 포항시는 대한민국 중앙부처에 있는 모든 행정기능이 있다는 것이다.

이게 무슨 말인가? 가장 단순하게 비교하면 부천시에는 해양에 관련한 행정기능이 없다. 부천시가 바다를 끼고 있지 않기 때문이다. 이에 반해 바다를 행정구역으로 끼고 있는 지역들은 해양관리 기능을 가지고 있다.

경기 화성시 역시 행정선을 보유하고 있다. 부천의 입장에서는 바다를 누비는 배를 소유할 이유가 하나도 없지만 화성시는 행정구역 내의 업무 처리를 위해 배를 보유하는 것이다. 이 배를 유지하고 관리하기 위해 화성시 공무원 중에는 '선박직'이 존재한다. 바다를 끼고 있지 않은 지역에서는 불필요한 것이기 때문에 상상하기조차 어려운 일이다.

포항시는 이와 같이 중앙부처에 있는 기능의 전부를 갖고 있어 중앙부처의 축소판이라 할 수 있다. 다른 기준으로 보면 지역의 행정기능이라는 것은 그 지역의 특성을 그대로 보여주는 것이다. 충분히 수긍이 가는 말이다.

물론 대한민국의 모든 기초자치단체는 그 권한의 제약으로 인해 교육과 노동을 담당하는 행정기능이 없다. 실제로는 대다수의 기초자치단체가 교육과 노동을 지원하고 있지만 본질적인 기능 면에서 교육과 노동은 전혀 다른 곳에서 작동한다.

이러한 상황을 간략히 분류해 보면, 교육은 자치의 영역에 들어오긴 했지만 현실적으로는 전혀 다른 방식으로 작동하고 있고, 노동은 아예 중앙정부가 직접 관할하는 형태로 중앙정부 지역사무소가 관장하고 있다.

인간의 삶에서 교육과 노동은 매우 중요한 문제다. 어떻게 보면 인간은 어릴 때부터 청년이 되면서 대부분의 인생을 교육과 노동으로 보내는 것이 현실이다. 생애 주기에서 매우 중요한 기간이지만 지방자치단체는 해당 업무에 근본적으로 관여하기 어렵게 되어 있다.

향후 지역자치가 시민의 삶을 지금보다 더 온전히 책임지기 위해서는 교육과 노동영역도 자치행정과 통합의 방향으로 가야한다는 주장이 힘을 얻고 있다.

다행스럽게 지난해, 즉 2021년 7월 1일부터 치안의 영역을 담당하는 자치경찰이 출범했다. 하지만 현재의 단계는 국가경찰과 자치경찰이 독립적 조직으로 운영되는 수준까지는 가지 못했다. 더군다나 광역을 기반으로 하는 치안시스템은 지역밀착형이라는 도시 치안의 수요와 거리가 멀다는 지적이 많다. 그러나 현재 우리나라 상황에서 자치경찰이 전국적으로 출범했다는 것 자체가 중요하다. 한 걸음 나아간 것에 만족할 수밖에 없는 제약과 한계도 있다.

그것은 무엇일까? 바로 경제영역이다. 이 경제영역조차 광역지방정부 중심으로 해야 한다는 주장이 제기되는 것도 사실이다. 실제로 프랑스의 경우 광역은 주로 경제중심 정책을 책임지고, 기초지방정부는 복지를 기초로 시민의 구체적인 삶에 기여하고 있다. 이런 제도적 차이는 각 나라의 형편을 바탕으로 역사적 배경 등 특수한 조건 속에서 성숙된 것이다.

4

지역자치의
개념과 방향

너무 상식적인 말이지만 대한민국의 주권은 국민에게 있다. 이것을 우리는 '주권재민'이라 한다. 이 조항을 단어대로만 해석하여 '모든 것을 주권자인 내 마음대로 하겠다.'는 사람도 있지만 우리는 실제로 나 혼자만의 생각이 아니라 다양한 의견을 조율하여 다수가 원하는 사회로 나아가도록 설계된 세상을 살고 있다. 이런 세상의 운영원리를 막무가내로 부정하는 사람은 정상적인 사회운영의 테두리 안에 들어올 수 없는 사람이다.

그렇다면 지역 안에서 주민들의 자치를 실현해 온 과거 지방자치의 모습은 어떨까. 다음은 지난 정부를 구분 기준으로 지역자치가 어떻게 발전해왔는지 정리 요약한 내용이다.

구 분	주요사항
김대중 정부	주민자치위원회/학교운영위원회 설치 주민자치센터로 변경 / 주민자치 개념 처음 도입
노무현 정부	주민자치위원회의 권한 및 역할 강화
이명박 정부	주민자치회 전환의 필요성 제기(실제로는 하지 않음)
박근혜 정부	주민자치회 시범사업 실시(2013년 7월 전격 실시)
문재인 정부	주민자치 원리 천명, 법제화 노력, 지방자치법 전부개정
차기 정부	주민자치 강화는 사회전반적인 분위기로 지속될 것

김대중 정부

김대중 정부는 '주민자치'라는 개념을 처음으로 도입하였다. 우리나라는 서구 선진국과 달리 시민들의 적극적인 참여에 의한 사회운영이라는 개념이 매우 부족한 사회였다. 특히 국가가 독점 공급하는 행정서비스와 교육서비스는 그것을 수용하고 소비하는 시민의 취향이나 의견에 맞추어 제공된 것이 아니었다. 사실 행정서비스, 교육서비스가 국가의 독점이라는 점에서 모든 나라가 국민의 취향을 100% 맞추어 줄 수는 없다. 그렇다 하더라도 우리나라는 지극히 공급자 중심의 구도로 유지되어 왔다.

김대중 대통령은 우리나라 행정서비스와 교육서비스 시장에서도 소비자 의견을 반영하는 것이 민주주의의 중요한 요소임을 인식했다. 그런 차원에서 과거 '동정자문위원회' 형식으로 운영되던 일선 행정서비스 현장에서 소비자의 의견을 듣기 위한 '주민자치위원회'를 공식기구로 출범시켰다.

　　이와 동시에 설립된 것이 바로 학교운영위원회인데, 우리나라는 교육소비자의 요구 없이 공급자들이 스스로 '좋은 교육'을 제공하겠다는 '공급자운동'이 벌어진 매우 특수한 경험을 가진 나라다. 일반적인 서비스 시장에서도 소비자가 요구하는 경우는 있어도 공급자가 스스로 '좋은 공급'을 약속하고 이것을 운동형태로 드러내는 경우가 매우 드문 일이다. 이런 바람직한 일을 추진한 단체의 이름이 '전교조'(전국교직원노동조합)였다.

　　전교조 교사들은 교육서비스 시장의 품질이 낮고 교육 관료에 의해 학생들의 권한이 과도하게 침해당한다고 주장하면서 소위 '참교육'을 주장했는데, 이로 인해 많은 교사들이 해직되기도 했다.

　　1989년 당시 문교부에서는 학교 현장에서 '전교조 교사'를 색출하기 위해 전교조 교사 구별법이라는 공문을 일선 학교에 하달했다. 그런데 그 내용이 1)교육에 열의를 가진 교사, 2)환경이 불우한 학생과 대화를 많이 하는 교사, 3)촌지를 받지 않는 교사, 4)학생의 처벌을 반대하는 교사, 5)학생들의 창의력을 키우고자 다양한 수업을 하는 교사 등으로 되어 있어 세간의 비판을 받았다.

당시 우리나라 교육계에 필요한 선생님들이 반드시 갖춰야 할 자질을 '전교조 교사 구별법'으로 제시했다는 것 자체가 코미디에 가까운 교육 서비스의 현실을 보여준다고 하겠다.

결과적으로 김대중 정부가 출범시킨 주민자치위원회와 학교운영위원회는 과거 일제의 잔재로 뿌리내린 행정과 교육 분야에서 새로운 변화를 추구하고자 시작한 조직이었다. 군부독재시대부터 권위주의 시절까지 공급자 중심으로 운영되던 대한민국을 소비자 중심으로 바꿔보겠다는 중요한 시도였고, 이 시도는 오늘날의 '주민자치회'로 연결되고 있다.

노무현 정부

노무현 정부는 주민자치가 뿌리내릴 수 있도록 지속적으로 노력하며 김대중 정부의 정책기조를 유지했다. 이전 정부보다 진일보한 구체적 정책을 내놓기보다는 정책 일관성을 유지하기 위해 노력한 것이다.

대통령 스스로가 '깨어있는 시민의 조직된 힘'의 중요성을 설파하면서 주민자치회의 위상이 지속적으로 발전했다고 평가할 수 있다. 다만, 정치적 훼손을 우려한 나머지 그것을 주민자치에까지 접목하려는 시도는 부족했다는 아쉬운 평가를 하는 이들도 있다.

이명박 정부

이명박 정부 당시 국정과제의 맨 뒷부분에 '주민자치의 강화'에 대한 필요성은 언급되어 있었다. 하지만, 주민자치를 발전시키려는 노력은 그다지 눈에 띄지 않는다. 이는 이명박 정부의 판단이라기보다는 당시 사회학자들이 대한민국의 선진화는 경제와 사회의 성숙이 함께 필요하다는 의견과 함께 은연중에 주민자치의 강화를 하위 개념으로 보았기 때문이 아닌가 싶다.

이러한 기조로 지방자치의 강화가 필요하다는 원론적인 논의는 상당히 많이 진행되었는데, 2012년 이명박 정부에서 10월 29일을 '지방자치의 날'로 정한 것을 보면 이명박 정부 역시 전면

적이지는 못했지만 일부에서 지방자치의 강화라는 시대적 과제를 부정할 수 없다는 공감은 있었던 것으로 보인다.

박근혜 정부

박근혜 정부는 '지방자치'에 별다른 관심이 없어 보였는데 2013년 7월 1일 주민자치회 시범사업을 전격 시행한 점이 매우 의아할 정도이다. 이명박 정부에 이어 박근혜 정부까지 보수적 색채가 강한 정부에서 주민자치에 대해 전향적인 태도를 보일 수 있었던 것은 우리나라의 시민사회단체가 매우 부족했기 때문이라 추론할 수 있다.

우리나라는 소위 '시민사회'가 형성될 기회가 매우 적었고 또 기간도 무척 짧았는데, 이것이 소위 중앙단위의 시민단체를 중심으로 운영되다 보니 지역단위의 자치를 추동할 만한 수준으로 발전하는 데 한계가 있었다. 소위 풀뿌리 시민단체의 희소성이 불러온 결과라 하겠다.

이것이 서구 유럽의 사회운영과 가장 큰 차이를 보이는 점인데, 이미 사회학자들 사이에서는 이러한 점을 개선하는 것이 대한민국의 선진국 진입에 매우 중요하다는 공감대가 넓게 자리잡고 있었다.

문재인 정부

　　문재인 정부는 박근혜 정부에서 만든 '주민자치회' 로드맵을 받아 속도를 높인 정책을 추진했다고 평가할 수 있지만, 이보다는 근원적인 면에서 매우 의미 있는 과정을 밟았다.

　　무엇보다 지방자치법의 전면적인 개정을 통해 '주민자치' 원리를 천명하고 지역의 운영에 주민의 참여권을 보장했다. 아울러 기존의 여러 가지 제약으로 남아 있던 주민감사청구에 필요한 인원 기준을 낮추는 등 주민자치의 기반을 닦는 데 여러 차원에서 노력을 기울였다고 할 수 있다.

　　밀레니엄 원년에 도입된 주민자치위원회는 그동안 많은 발전을 거듭했다. 2000년이라는 의미를 조금 더 확대 해석하면 새로운 2000년대의 사회운영 원리를 국가주도에서 시민주도로 전환시키겠다는 김대중 대통령의 큰 의도가 담겨 있을 수도 있다. 그나마 지금까지의 정부에서 김대중 대통령의 지방자치 정착과 분권 실현이라는 정책의지를 제대로 받아서 확대 발전시킨 정부는 문재인 정부가 거의 유일하다고 할 수 있다.

박근혜 정부가 '주민자치위원회'를 '주민자치회'로 바꾸는 전격적인 제도를 단행하기는 했지만 선거 당시 약속한 지방사무 이양을 임기 중 단 1건도 실행하지 않았다는 점만 보더라도 김대중 정부에서 시작한 '자치'의 개념을 온전히 이어받았다고 하기 어렵다.

　　이러한 사회의 변화와 제도의 개혁은 지역의 중요성을 더욱 강화시키고 있으며, 그 변화를 바탕으로 오늘날의 지역 자치는 제도적 측면과 주민들의 자발적 참여 측면에서 매우 빠르게 성장하고 있다.

5

오래된 미래, 지역 미래의 환경적 접근

　　최근 ESG라는 단어가 새롭게 조명되기 시작했다. 언론에서도 부쩍 ESG라는 단어가 많이 등장한다. 이 말은 Environmental, Social and Governance의 머리글자를 딴 줄임말로, 환경·사회·지배구조를 뜻한다. 기업 또는 기업에 대한 투자의 지속가능성과 사회적 영향을 측정하는 요소로 사용되는데, 쉽게 설명하자면 기업들이 환경과 사회적인 책임을 다하는 경영과 그에 걸맞은 지배구조를 가져야 한다는 일종의 기준점이다.

　　이 ESG가 기업의 책임과 그를 바탕으로 하는 '친환경적' 생

1장 | 지역을 생각하고 돌아본다

산물의 생산과 판매에 치중되어 있는 것 같지만 사실은 이러한 세계표준형 기업경영 지표가 나오기까지 수많은 환경 관련 노력들이 있었다. 최소한 우리가 지역 차원에서 알아야 할 환경보전에 대한 역사는 매우 길다.

사실 우리가 잘 몰라서 그렇지 이러한 환경에 대한 경고와 재앙적인 미래사회에 대한 예측은 이미 오래전부터 나타났다. 역사적으로 알려진 지구환경 문제의 가장 오래된 경고는 20세기의 고전《침묵의 봄》을 쓴 레이첼 카슨에 의해 진해졌다.

저자는 친구로부터 받은 편지 한 통을 계기로 살충제의 사용 실태와 그 위험성을 조사하고, 생물학자로서의 전문지식과 작가로서의 능력을 발휘해 방사능 낙진으로 인해 더욱 절실해지기 시작한 환경 문제의 복잡성을 알기 쉽게 풀어냈다. 더불어 무분별한 살충제 사용으로 파괴되는 야생 생물계의 모습을 적나라하게 공개하여, 생태계의 오염이 어떻게 시작되고 생물과 자연환경에 어떤 영향을 미치는지 구체적으로 설명하였다. 이를 통해 정부와 살충제 제조업체의 행태를 지적하고, 환경문제에 대한 대중들의 생각을 환기시킬 수 있는 기회를 제시하였다.

이《침묵의 봄》은 1962년에 발간되어 미국 사회를 충격에

빠뜨렸다. 이듬해인 1963년 케네디 대통령은 대통령 환경자문회의를 구성했고, 이렇듯 반전된 분위기는 1969년 미국 연방의회에서는 환경 규제와 관련한 사실상 최초의 법인 '국가환경정책법안'을 통과시키는 원동력으로 작동하게 되었다. 4월 22일을 지구의 날로 정한 것도 결과적으로는 이 책의 영향이 가장 컸다고 하는 것이 맞을 것이다.

20세기 환경 분야 최고의 고전이라 불리우는 레이첼 카슨의 《침묵의 봄》

우리나라에서 일반적으로 지구환경과 관련한 구체적인 움직임이 나타나기 시작한 것은 1992년 브라질에서 열린 '리우환경정상회의'라고 보는 게 합당하다. 그 이전에도 '공추련'(공해추방운동연합)과 같은 단체들이 결성되어 움직이기 시작했지만 이 '리우환경정상회의'를 계기로 우리나라에도 환경운동연합을 비롯한 본격적인 환경단체가 생겨나 활발한 활동을 하기 시작했다.

1992년 6월 3일부터 6월 14일까지 브라질 리우데자네이루에서는 전 세계 185개국 정부 대표단과 114개국 정상 및

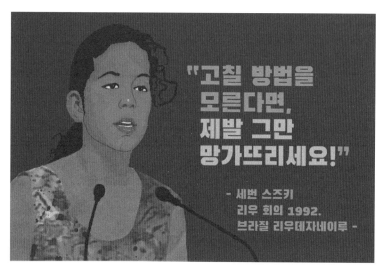

리우환경회의의 상징적 인물인 세번 스즈키 연설. 당시 캐나다 민간대표로 참여한 12살의 세번 스즈키는 "고칠 방법을 모른다면, 제발 그만 망가뜨려라"는 연설로 어른들을 숙연하게 했다.

정부 수반들이 참석한 가운데 지구환경보전 문제를 논의하는 국제회의가 열렸다. 각국 정부 대표가 중심이 된 '유엔환경개발회의'(UNCED)(United Nations Conference on Environment & Development, 일명 Earth Summit)와 각국 민간단체가 중심이 된 '지구환경회의'(Global Forum 1992)가 함께 개최되었는데, 이를 통칭하여 '리우환경회의'라고 불렀다.

리우환경회의의 주제는 '인간과 자연환경 보전, 경제개발의 양립'과 '환경적으로 건전하고 지속가능한 발전'(ESSD)이었다. 이 회의에서는 선언적 의미의 '리우 선언'과 '의제 21'(Agenda 21)을 채택하고, '지구 온난화 방지 협약', '생물다양성 보존 협약' 등이 각각 수십 개국에 의해 별도로 서명됨으로써 지구환경보호 활동의 수준이 한 단계 발전하는 성과를 낳았다.

'리우환경정상회의'는 말 그대로 지구환경의 보전에 관한 국제적인 회의였는데 사실상 지구에 사는 거의 모든 국가가 모여 이런 주제로 회의를 한 첫 시작이라고 해도 과언이 아니다. 이 '리우회의'에서는 지구환경 보호에 관한 국가적 과제뿐만 아니라 전 세계 지방정부가 그 지역의 환경을 어떻게 보전할 것인지에 대한 민관협력 계획서를 UN에 제출하도록 결정했다.

'리우회의'의 결과는 우리나라에도 큰 영향을 미쳤다. 그전까지는 모든 환경보전의 책임은 주로 국가 또는 지방자치단체였다. 그러나 '리우회의'는 국가단위의 환경정책보다 지역단위의 환경보전계획이 더 실질적이라고 생각했고, 전 세계 모든 지방정부가 이 계획의 작성에 참여토록 했다.

이때 당시 우리나라 대표단도 당연히 '리우회의'에 참여했는데, 그때까지 지역단위의 환경보전 계획에 대한 별다른 생각이 없던 우리나라는 이에 대한 구체적인 추진계획을 잡는 데 상당히 오랜 시간이 걸렸다.

이 결정이 나고 맨 처음 지역단위 환경보전 계획을 처음 만든 곳이 전남 순천이었다. 1995년 11월로 기억한다. 그 다음이 경기도의 수원시였는데, 수원시의 결성을 계기로 전국 주요 도시에서는 지방정부와 민간 환경단체가 협업하는 형태의 기구들이 급속도로 퍼져나갔다. 당시에는 이런 민관협력 기구를 'LA'라는 이름으로 불렀는데, 'Local Agenda'의 약자다. 이를 풀어서 '지역의제'라는 이름을 주로 사용했다.

이 리우회의의 결정은 앞서 설명한 바와 같이 환경운동의 지역화를 급속하게 진전시킨 요인이 되었다. 최근 몇 년 사이 '거버넌스'의 중요성에 대한 많은 얘기가 나오는데, 바로 이 거버넌스의 첫 번째 사례가 바로 '지역의제' 사업이었다.

이 지역의제 사업은 2002년 남아프리카공화국에서 열린 '리우+10'과 2012년 다시 리우에서 열린 '리우+20'에서처럼 매 10년마다 의제의 성과를 공유하고 앞으로의 계획을 점검하는 정례회의로 자리를 잡았다. 현재 우리나라에서는 지속가능발전사업으로 불리며, 부천시를 비롯한 전국 130여 개 지역에서 민간과 지방정부가 공동의 과제를 수립하고 이를 정책에 반영하는 데 많은 노력을 기울이고 있다.

헬레나 노르베리 호지가 2015년에 발간한 《오래된 미래》. 이 책은 지구환경의 중요성을 일깨우는 데 큰 영향을 미쳤다.

우리의 지구는 현재 몸살을 앓고 있다. 현 74억 인구를 지구가 감당할 수 있을까에 대한 근본적인 문제를 생각해야 하는 것이다. 거기다가 인간은 자신의 쓰레기로 지구를 오염시켜 왔다. 날로 심각해지는 해양오염, 기후위기는 더 이상 미룰 수 없는 현실의 문제이다.

'지구청소부'라는 말이 있다. 오늘 내가 내 집 앞을 쓸어도 지구적 차원으로 보면 아주 작은 한 단면을 청소한다는 의미다. 지역 차원에서 환경문제에 대한 적극적인 접근은 이제 배려가 아닌 필수가 되었다. 우리는 이를 모두 알고 있다.

총체적인 환경문제, 즉 쓰레기 문제, 탄소감축 문제, 화석연료 문제를 비롯한 전 지구적인 문제가 우리 마을의 문제가 되었고 부천의 문제가 되었다. 이 문제에 대해 더 이상은 외면하기 어렵고 시민들의 생각도 과거와는 많이 달라졌다.

지역의 지속가능한 발전은 단순한 구호의 문제가 아니라 우리 부천이 함께 풀어가야 할 숙제이다. 더 이상 참여자와 방관자를 구분할 것이 아니라 모두가 함께 지혜를 모아 해결해 나가야 할 문제이다.

6

지역경제를
생각한다

인간은 사회적 동물이다. 이것은 우리 인간이 혼자서는 살아갈 수 없다는 측면에서도 그렇고 인간의 역사가 연대와 협동의 역사였다는 점에서도 명확히 드러난다.

현재까지 밝혀진 바에 따르면 인간의 문명은 강가에서 출발했다. 우리가 알고 있는 대표적인 문명의 발상지는 황하강, 나일강, 유프라테스강, 티그리스강이었다. 인류는 그 강을 중심으로 집단생활을 했다.

이러한 문명의 발생 이전에도 인간은 집단생활을 했다. 우리 인간의 원시적 생활 형태는 현재 유인원의 한 종류인 침팬지를 통해 대략 유추가 가능하다. 자연 다큐멘터리를 보면 침팬지는 30~100마리 가량이 집단생활을 한다. 이 중에는 우두머리가 있고 명백한 서열이 존재한다.

사자 역시 집단생활을 하지만 무리 중 자손을 번식시킬 권리는 오로지 대장만이 갖는다. 이에 반해 침팬지는 그 우두머리가 대장으로 등극할 때 협조한 침팬지들까지도 후손을 남길 기회를 얻을 수 있다. 왕이 된 침팬지는 그 과정에서 협력과 연대를 하고 그 보상을 번식으로 얻는다고 볼 수 있다. 이 얼마나 인간과 가까운 모습인가?

오늘날 인간이 보여주는 모습 중에도 내용만 다를 뿐 이런 침팬지의 모습이 그대로 남아 있다. 인간과 침팬지는 DNA 구성에서 98%나 일치한다고 한다. 그러니 침팬지의 집단생활에 대한 연구는 인간의 과거생활을 유추해 볼 수 있는 중요한 수단이 되기도 한다.

침팬지는 집단끼리 전쟁을 하기도 한다. 우리 인간도 국가의 형성 이전에 부족 단위의 전쟁을 했을 것이다. 그런데 침팬지의 전쟁은 우리가 상식적으로 생각하는 그런 동물들 간의 분쟁 수준이 아니었다.

우리 인간이 군대에서 배우는 방식이 거기 다 있다. 척후병, 추격병, 공격조, 방어조 등 어쩌면 동물의 세계에서 이토록 인간과 비슷한 행동을 하는지 놀랄 정도다. 이들도 결과적으로 하나의 집단 내에서 서로가 자신의 역할을 통해 전체의 이익에 기여하는 방식으로 협동과 연대를 구현하는 것이다.

인간이 하고 있는 사회생활의 원리도 이와 크게 다르지 않다. 우리나라는 다른 서구 선진국에 비해 국가 단위로 사고하는 경향이 큰 편인데, 지역사회를 놓고 보면 그 지역사회 내에서 어떤 역할을 하는지 쉽게 알 수 있다.

인간이 살아가는 한 지역은 적정수의 기업, 적정수의 자영업자, 적정수의 노동자, 적정수의 소비자가 조화롭게 어울리는 게 좋다. 기업도 대기업과 중소기업이 적정한 숫자로 조화를 이루는 게 그렇지 않은 경우보다 더 좋다.

이런 차원에서 보면 우리나라는 지나치게 자영업자의 숫자가 많은 사회다. 우리나라 자영업자의 과도한 숫자는 그리스, 이

탈리아 등 세계적인 관광산업이 발전한 나라를 제외하고는 거의 G20 내에서 최고 수준이다.

과거에는 거의 모든 나라들이 농업을 중심으로 살았다. 때문에 자연스럽게 상업에 종사하는 사람들의 숫자가 적었다. 그런데 산업사회를 거치면서 대다수의 농민들이 노동자로 전환되었다. 그런데 우리나라는 이 숫자가 다른 나라에 비해 현저히 적다. 노동자의 비율이 적다는 것은 스스로의 자영업을 영위하고 있다는 말과 거의 같은 말이다.

오늘날 우리 사회의 자영업자 숫자는 왜 이리 높은 것일까?
그 이유는 여러 가지가 있을 수 있으나 대략 크게 네 가지로 집약할 수 있다.

우리나라는 고도의 산업화를 이룬 나라이긴 하지만 정서적으로 남의 밑에서 일하는 것에 대한 거부감이 크다고 볼 수 있다. 두 번째는 사회안전망이 부족하여 내가 움직여서 소득을 만들지 않으면 사회에서 나의 생계에 대해 책임져 주지 않는다. 그럴 경우 사람이 선택할 수 있는 길은 자영업 외에 달리 없다. 세 번째는 기업들의 전업교육이 사실상 거의 전무하여 퇴사 이후의 전직이 오로지 개인의 몫에 맡겨져 있다. 이런 환경에서 가장 접근하기 쉬운 것이 자영업이고, 결과적으로 자영업은 과도한 경쟁으로 내몰리고 있다. 네 번째는 유통 대기업이 자영업 시장에 과도하게 진출하고 있다.

코로나 팬데믹이 3년차를 맞이하는 지금, 자영업자들은 엄청난 고통에 시달리고 있다. 유흥을 목적으로 하는 자영업자도 걱정이지만 말 그대로 생계형 1인 사업장이 너무 많은데, 그 사업장이 직격탄을 맞고 있다는 데 그 심각성이 있다.

이와는 반대로 코로나의 상황을 적극 개척하여 배달사업으로 전향한 경우, 오히려 매출 증대로 이어진 경우도 없지 않다. 하지만 누가 이런 상황을 예측하여 미리 배달 전문업체를 생각했겠는가?

대부분의 자영업자들이 어려움을 겪고 있지만 이 중에서도 주로 2차 모임이 이어지는 주점형식 자영업자들의 피해가 가장 크다. 저녁을 겸한 반주를 하는 식당은 원래 오후 9시~10시 사이에는 문을 닫는다. 그러니 인원제한이 문제이지 시간의 문제는 크게 와 닿지 않는다. 그런데 많은 사람들이 2차로 가는 주점들은 영업시간 제한과 인원 제한의 2중고를 겪고 있다.

더구나 사회적으로 밥집의 매출 하락은 걱정해주는 분위기가 있는데, 술집의 매출하락은 상대적으로 덜 관심을 갖는다. 결국 이런 주점을 운영하는 영세 자영업자들은 운영 자체가 매우 심각한 상황에 직면해 있는 것이다.

하나의 지역경제가 침체되거나 활성화되는 것은 그 지역에 소재하는 큰 기업 또는 기업들의 집단 밀집과 긴밀하게 연관되어 있다. 흔히 직원이 많은 회사 인근은 언제나 장사가 잘 되고 또 산업단지처럼 여러 사업체가 몰려 있는 곳은 아무래도 다른 곳에 비해 영업이 잘 된다고 보는 것이 합리적이다.

두 번째로 자영업이 잘 되는 곳은 아파트 밀집지역 내의 상가건물들이다. 몇 개의 상가건물을 중심으로 일종의 자영업 생태계가 구성되어 있어서 이 지역 내에서 활발한 경제활동이 이루어진다.

세 번째는 흔히 말하는 골목상권으로 일반주택을 낀 전형적인 골목의 상권이 대표적이다. 코로나사태 이후 가장 어려움에 직면한 곳은 세 번째, 두 번째, 첫 번째 순서일 것이다.

이러한 지역경제의 활성화, 골목경제의 활력을 회복하는 것은 지역 내의 전반적인 활력과 연결되어 있다. 때문에 지역 골목경제를 살리는 일은 개개인의 자영업자에게도 도움이 되는 일이지만 지역 전체적으로 보면 시민들의 얼굴을 더 밝게 만드는 일이기도 하다.

우리 부천의 경우, 다른 도시에 비해 두 번째, 세 번째 상권이 집중적으로 몰려 있다. 그렇기 때문에 아파트 상가, 주택가를 중심으로 하는 골목경제를 활성화하는 것이 매우 중요한 과제가 되었다.

2020년 경기도는 31개 시·군과 함께 일명 기본소득이라 부르는 재난지원금을 지원하였다. 그로 인해 현장에서 체감한 경기 활성화 정도는 모두를 놀라게 했다.

사실 이 책은 바로 이 지점을 중심으로 '지역화폐'를 부천 지역에서 얼마나 활성화시킬 수 있으며 그 방법은 무엇이고 규모는 어떻게 할 수 있을 것인가에 대해 정리하기 위해 기획되었다. 이 지역화폐에 관한 내용은 2장에서 다루도록 하겠다.

7

지역의 일자리를
생각한다

일자리 문제는 특별한 설명이 필요 없는 시민생활의 필수적인 요소이다. 그러나 확실하고 뚜렷한 정책 대안을 내기도 어려운 분야이다. 일자리는 결국 기업이 만들기 때문이다. 정부는 기업이 일자리를 잘 만들 수 있도록 정책으로 지원해야 하는데, 인건비를 지원하는 방식의 직접 지원에는 한계가 있기 마련이기 때문이다.

대표적인 사례로 '사회적 기업'을 들 수 있는데, 사회적 기업으로 예비인증이 되거나 본 인증이 되면 직접적인 인건비 지원을 받게 된다. 하지만 일정한 시간이 지나 인건비 지원이 사라지면 거의 대부분 기업들이 사실상 몰락의 길을 걷는다. 결국 인건비 지원을 받는 동안 사회적 기업으로서의 최소한의 경쟁력도 키우지 못했다는 말이다. 안타깝지만 이런 일은 주변에서 자주 일어난다.

이런 식의 지원이 일자리 분야에서 아무런 효과가 없다는 얘기는 아니다. 하지만 그렇다고 지속가능한 일자리라고 말할 수는 없다. 그러니 인건비 지원은 단기대책이지 근본대책은 될 수 없다. 국가가 시장에 개입하여 일자리를 늘릴 수 있도록 돕는 가장 확실한 방법은 산업구조의 재편에 들어가는 막대한 비용을 미리 지출하여 새롭게 등장하는 신성장 산업으로 국가 산업을 지속적으로 변하게 만드는 것이다.

전기자동차를 예로 들어보자. 2000년대 초반부터 화석연료를 대신하여 친환경 에너지와 전기자동차, 수소자동차가 대세를 이룰 것이라 말을 했지만 실제로 그런 정도의 산업구조 변화에는 엄청난 비용이 수반된다. 당장 매출이 발생하지 않는 전기차의 기술개발에 기업은 엄청난 돈을 선제적으로 투자해야 한다. 이런 기술개발을 국가가 적극 지원함으로써 결과적으로 일자리를 유지하도록 돕는 것이 진정한 국가의 역할이라고 할 수 있다.

하지만 모든 산업이 그렇듯이 현재 잘 나가는 사업을 하고 있는 기업이 미래의 변화된 산업 환경을 예측하는 것은 쉬운 일도 아니고, 경쟁이라는 시장 속에서 그런 여유로운 생각을 할 수 있는 기업은 생각보다 많지 않은 것이 현실이다. 그런 차원에서 국가의 역할을 찾는 것이 가장 효율적이며 장기적이고 지속가능한 국가경제의 모델을 만드는 일일 것이다.

그러나 이런 주장이 아무리 옳다고 해도 당장 눈앞에 닥친 일자리 문제를 방치하거나 외면하는 것은 국가의 의무와 역할을 방기하는 것이다. 어찌되었건 현재의 문제도 풀면서 미래의 과제에도 대응해야 하는 것이 국가의 진정한 역할이다.

그런 차원에서 부천시가 관심 있게 봐야 할 문제가 흔히 지역의 이름을 붙인 '00형 일자리'이다. 대표적인 사례가 광주형 일자리라고 할 수 있다. 광주형 일자리의 원리는 의외로 단순하다. 기업의 고민과 지역의 고민, 노동자의 고민을 한꺼번에 풀되 서로의 양보를 공동으로 보장하자는 것이다.

우선 기업의 고민은 인건비다. 우리나라의 인건비는 이제 선진국 수준에 도달했다. 완성차 기업의 인건비는 오히려 그 이상이라고 보는 게 현실적이다. 온전히 기업의 말만 믿을 것은 아니겠지만 우리나라 완성차 기업의 인건비 지출은 다른 경쟁사에 비해 상당히 높은 편이라고 한다. 기업은 이러한 인건비로 인한 경쟁력 제고에 애를 먹고 있다.

지역의 고민도 비슷하다. 시민에게 일자리를 제공해야 하는 당면한 과제로 인해 여러 가지 방안을 고민하지만 현실적으로 일자리는 기업이 만든다는 점에서 뚜렷한 대안을 제시하기가 어렵다. 시쳇말로 재정만 허락한다면 직접 인건비를 계속 지원하면 되는데, 정부의 예산을 지속적으로 일부 사람들 또는 기업에 제공하는 것은 원리에도 맞지 않는다. 그러면 어떻게 해야 할까?

기업들은 높은 인건비 부담에 애를 먹고 지역은 일자리가 모자라 애를 먹는다. 노동자도 비슷하다. 노동자는 다른 말로 직장을 다니는 시민이다. 지역에서 내가 만족할 만한 일자리가 보이지 않는다. 세간에서는 눈높이를 낮추라고 말하지만 결국 눈높이를 낮추라는 것은 삶의 질도 낮추라는 것 아닌가. 하지만 그 낮추라는 범위가 내가 감내할 수 있는 수준이라면 그것도 무조건 거부할 수만은 없는 일이 아닌가.

이 세 가지 입장을 조율하여 광주형 일자리는 다음과 같은 해결방안을 내놓았다. 기업은 공장을 광주에 짓고 광주 시민을 채용한다. 광주시는 채용에 따르는 사전 교육을 책임진다. 여기부터 기업의 부담을 줄여준다. 시민들은 임금의 탄력적 운영에 동의한다. 이 탄력적 운영의 핵심은 이렇다. 기존 완성차 기업보다 초기 연봉은 높이되 피크 연봉을 낮추는 것이다. 완성차 기업들이 느끼는 부담은 초봉이 아니라 오랜 기간 근무한 노동자들의 피크 임금이다. 이렇게 되면 초기 임금은 약간 올리고 피크 임금은 약간 낮추는 수준에서 합의가 가능해진다. 여기에서 직접적인 이익은 기업이 보게 되는데, 기업은 이 이익 중에서 일부를 초봉 수준이 너무 낮은 지역 내 중소기업의 임금을 보전하는 방식으로 기여하는 것이다.

여기에서 가장 실현 가능성이 낮은 것은 기업의 이익 일부를 지역 내 저임금 중소기업 노동자를 위해 기여하는 것이다. 이것을 구체적으로 실현할 방안을 찾는 일이 쉽지 않다. 하지만 지방정부 입장에서는 이러한 효과가 없다면 그 기업에 취업한 노동자들에게만 너무 특별한 혜택을 주는 부담을 갖게 된다.

광주형 일자리는 현대자동차와 협업하여 '캐스퍼'라는 성과물을 만들었다. 판매도 매진 행진 중이다. 그리고 많은 사람들이 광주형 일자리에 대해 '성공적'이라고 평가하지만 실제로 그런지는 좀 따져봐야 한다.

우리나라 노동시장의 여러 가지 문제 중에서 근원적인 문제
는 단위 기업별 노조와 임금의 단위 기업별 협상이다. 우리나라
는 이런 문화에 익숙해서 오히려 이것이 왜 문제인지를 인식하지
못하는 경우가 많은데, 노조가 강한 서구 유럽의 여러 나라가 그
강한 노조에도 불구하고 비교적 안정적인 노동생태계를 유지할
수 있는 이유는 연대형 임금제도에 기반하고 있기 때문이다.

　　대표적인 나라가 독일이라고 할 수 있다. 세계 최초로 '실업
보험'을 도입할 정도로 노조가 강한 독일의 노동시장은 산업별
임금협상이 가장 큰 특징이다. 최소한 같은 산업에 근무하는 사
람들끼리는 적절한 수준의 임금을 평등하게 사회적으로 누리는
것이다. 우리나라처럼 기업별로 너무 따뜻한 곳과 너무 추운 곳
의 차이가 거의 없는 것이다.

　　또 다른 차원에서는 진정한 지역형 상생 일자리는 단순히
기업과 지방정부, 노동자의 문제를 더 확대시켜 생각해야 한다.
예를 들면 완성차 시장의 이익이 하청으로 어떻게 갈 것인지, 하
청 노동자의 임금은 어떻게 확보할 것인지를 생각하지 않으면 그
냥 혜택 받는 기업이 이루어 낸 하나의 성과로만 남게 된다.

　　그런 의미에서 군산형 상생 일자리는 광주에 비해 진일보

한 방식으로 진행되고 있다. 실제 군산형 일자리가 현재 어디까지 의미 있는 진전을 보고 있는지에 대해선 자세히 알려져 있지 않지만 군산형 일자리는 하청 전체의 임금을 원청과 지역사회가 공동으로 하는 협약을 맺었다. 지방정부가 지역형 상생 일자리를 만들려면 이러한 지역사회 전체에 미치는 파장까지 고려하여 정책을 추진해야 한다.

우리 부천의 경우, 이렇다 할 대기업이 있는 것도 아니고 작은 중소기업들이 밀집해 있는 형태라고 말할 수 있다. 이런 기업이 많이 몰려 있는 지역의 문제는 '노동 바우처'로 해결해야 하는 경우가 많은데, 일본에서는 1970년대 이러한 문제의식이 생겨나기 시작해서 지역별 노동복지제도가 크게 성장할 수 있었다.

우리나라에서는 대기업에 다니면 높은 임금, 좋은 복지는 물론 주위의 선망까지 받게 된다. 반대로 중소기업에 다니면 임금도 낮지만 복지제도도 형편없는 게 현실이다. 이러한 문제의 근본은 개별기업별 복지제도를 허용하고 있기 때문인데, 유럽의 많은 나라는 개별기업의 복지를 금지하는 곳이 생각보다 많다.

예를 들어 노동복지가 가장 좋다고 알려진 이탈리아의 경우, 기업이 개별적으로 직원에게 복지를 제공하는 게 아니라 기업이 복지 부담금을 국가에 납부하면 국가는 그 돈으로 노동자 전체에게 적정 수준의 복지를 제공하는 시스템이다. 우리나라에 비유하면 삼성에 다니든 중소기업에 다니든 복지는 같은 수준으로 누린다는 의미다.

앞으로 장기적인 관점에서 노동문제와 일자리 문제를 풀기 위해서는 개별기업의 복지문제, 상생 일자리의 지역적 적용 등 국가적 관점에서 풀어야 할 문제가 많다. 이러한 큰 아젠다는 부천 같은 단위에서 풀어내기는 현실적으로 어렵다. 하지만 풀기 어렵다고 해서 푸는 것 자체를 포기할 수도 없으니 지역 단위의 다양한 일자리 확대 방안에 대해서는 '노사민정' 모두가 지혜를 모아야 한다. 그런데 부천은 누가 뭐래도 '노사민정'의 협력 경험이 풍부한 곳이다. 부천의 미래가 밝은 이유다.

지역경제의 희망,
지역화폐

　　사실 '지역화폐'는 이미 우리 사회에서 제법 오래된 지역소비의 수단이었다. 국내에서도 여러 지역에서 '00사랑 상품권'이라는 이름으로 다양하게 발행된 적이 있다. 이런 쿠폰 형식의 지류형태 지역화폐는 그동안 우리 사회에서 그 중요성을 심어주지 못했다. 오죽했으면 각 지역별로 발행되던 이런 지류 형태의 지역화폐가 나중에 '온누리상품권'이라는 이름으로 통합 운영되어 주로 '전통시장'에서 사용되었겠는가.

　　그러다가 2015년 성남시를 시작으로 쿠폰 형식의 지역화폐가 공공지원용으로 쓰이면서 분위기가 반전되었다. 당장 지역경제, 골목경제의 활성화가 급했던 당시 상황에서 성남시의 도전은 매우 신선한 충격으로 우리 사회에 다가왔다. 이후 지류에서 전자화폐 형식으로 변경되면서 이 제도가 지역사회 내에서 가지는 폭발적 인기가 검증되었다.

2020년 2월부터 본격적으로 시작된 코로나19 팬데믹으로 이러한 지역화폐는 그 효용과 가치를 한층 더 발산하기 시작했는데, 기술의 발전과 대상의 선정 등이 과거에 비해 효과적으로 적중된 점이 적지 않다.

실제 2020년~2021년을 통해 우리 국민들이 인식한 지역화폐의 매력과 파괴력은 상상 이상이었다. 팬데믹 상황에서 지역화폐는 골목경제를 활성화시키는 매우 주요한 수단이 되었다. 팬데믹 상황에서 사람들의 접촉을 늘리는 정책이 과연 옳은가에 대한 고심도 있었다.

여하튼 이제 지역화폐는 되돌릴 수 없는 지역경제 활성화의 중요한 수단으로 인식되게 되었고, 이것을 얼마나 효과적으로 설계하는가에 따라 그 성과는 지역마다 다르게 나타날 것이다.

이 책은 부천시의 과거와 현재, 미래에 대해 모두 말하기보다 지역화폐에 대한 의미와 정책 방향에 역점을 두었다. 과연 지역화폐란 어떤 것이며, 어디서부터 시작되었고, 우리나라에서 지역화폐를 사용하고 있는 곳은 어디이며, 향후 지역화폐 정책이 추진해야 할 전반적인 방향을 중심으로 서술될 것이다.

많은 시민들이 동의하시겠지만 부천은 다른 어떤 지역보다도 화합과 상생의 도시다. 지역화폐는 나의 지출을 통해 상대의 어깨를 두드리고, 그 상대 역시 나의 어깨를 두드리는 일종의 사회적 연대의 매개체이다. 화합과 상생은 바로 이런 시민들의 태도와 지방정부의 정책이 합쳐져서 시너지 효과를 내게 되어 있다. 그런 점에서 이 책에서 말하고자 하는 '지역화폐'는 그 자체만이 아니라 그를 통해 부천의 공동체, 부천의 경제, 부천의 시민에 대한 기록이기도 할 것이다.

예전의 부천이 다른 지역에 비해 지역 내에서 상생과 협력의 분위기가 강했던 것은 일부 정치인의 노력도 있었지만 가장 중요한 기반은 두터운 시민사회의 역량이 더 중요한 역할을 했다고 해도 과언이 아니다. 부천은 다른 도시에 비해 시민사회를 형성하고 그 내부에서 다양한 경험을 쌓았으며 무엇보다도 지역 노사민정 협력사업이 다른 지역에 비해 매우 출중한 성과를 올려

왔다.

　이는 단순히 어느 한 분야의 사업이 잘 되었다, 못 되었다를 떠나 이러한 지역 대화의 요소는 지역 시민사회의 역량의 총합으로 나타난다는 측면에서 다른 지역에 비해 월등한 부천의 자산이라 할 수 있다.

　정치 영역에서 부천 지역 중앙정치와 자치의 바탕을 깔아온 장본인은 누가 뭐래도 원혜영 전 의원이라고 할 수 있다. 원혜영 의원은 1992년 14대 국회의원을 시작으로 민선 2~3기 부천시장을 역임하고 2004년 다시 국회의원에 진출한 보기 드문 경력의 소유자다.

　일반적으로 단체장 재선 후 국회의원이 되는 경우가 가장 많으 데 비해 국회의원을 하다가 단체장으로 방향을 돌리는 경우는 찾아보기 어렵다. 원혜영 의원은 국회의원‒시장‒국회의원을 통해 부천 지역의 시민사회 역량을 강화하고 화합과 상생의 지역 분위기를 만드는 데 큰 기여를 했다.

　그가 다른 정치인에 비해 시민사회의 역량을 끌어올리는 데 큰 역할을 하게 된 이유는 그의 부친의 가르침과 가정의 분위기가 가장 큰 영향을 준 것으로 보이는데, 그의 부친 원경선 선생은 우리나라 농업 분야에서 큰 족적을 남긴 분이다.

한국 유기농의 아버지, 농군 나눔공동체의 선구자로 불렸던 원 선생은 평생 농업에 헌신해 100세 농군으로 불린 인물로, 1970년대 중반 국내에서 처음으로 유기농법(땅의 힘과 거름만 사용하는 친환경 농법)을 시작한 선구자다.

그는 단순히 농업에서만 큰 역할을 한 것만이 아니라 경실련, 환경정의 등 우리나라 시민사회의 태동기부터 참여하여 사회운동 영역에서도 큰 영향을 미쳤다.

이러한 부친의 영향으로 원혜영 의원은 정치에 입문하기 전부터 이미 '풀무원'이라는 회사를 창업하여 큰 성공을 이루었고, 이를 바탕으로 깨끗한 정치를 할 수 있었다고 평가 받는다.

부천 지역이 다른 지역에 비해 가장 빛나는 업적을 낳은 분야는 노동 분야이다. 어떤 커다란 성과가 특정 지역이나 특정한 계층에서 발생했을 때 이것이 어떤 경로를 통해 쌓여 왔는지를 알아보면 반드시 그 원인이 되는 행동이 있게 마련이다. 부천이 다른 지역에 비해 노사민정 협력사업이 압도적으로 잘 이뤄졌다는 사실을 아는 시민들은 많지 않지만 지역 내의 많은 활동가들은 이러한 성과에 대해 비교적 잘 알고 있다.

현재 부천시 갑 지역에서 삼선 국회의원을 역임하고 있는 김경협 의원은 부천노총 의장 출신이다. 일반적으로 광역이 아닌 기초단위의 지역노총 의장이 국회의원에 진출한 경우는 매우 드문데, 김경협 의원을 비롯한 노동계의 주역들이 바로 부천의 노사 또는 노사민정 협력의 발판을 만들었다.

설훈 의원 또한 발군의 경력을 갖고 있다. 독립유공자 부친의 영향을 받아 반 유신운동에 앞장섰고, 김대중 내란음모 사건에 연루되어 상상하기 힘든 고초를 겪다 1988년 정계에 입문했다.

여기에 하나의 기폭제 역할을 한 사람이 현재 국회 부의장을 맡고 있는 김상희 의원이다. 김상희 의원은 우리나라 여성운동의 한 획을 그은 시민운동가 출신이다.

초선인 서영석 의원은 시·도의원 경력과 아울러 약사로서, 오래전부터 건강사회를 위한 약사회 활동을 하는 등 지역 주민들과 자연스레 호흡하며 정치역량을 키워왔다.

'지역화폐'를 설명하면서 다시 소개하겠지만 충남 홍성군 홍동면에는 '풀무학교'라는 학력 비인정 학교가 1959년부터 운영되기 시작했다. 어떻게 보면 이 학교가 우리나라 유기농 산업을 태동시켰다고 해도 과언이 아니다. 우렁농법, 오리농법 등 우리가 알고 있는 친환경 농법은 거의 모두 홍동면에서 출발한 것이다.

이런 홍동을 가능하게 만든 이유는 1960년대 초반부터 시작한 풀무학교 졸업생들의 '행동'에 있었다. 그들의 작은 행동이 쌓이고 쌓여 시억 내에서 '성과의 선순환' 현상이 나타났고, 오늘날의 홍동 지역사회가 건설되었다.

어떤 지역에서 특정한 성과가 난다는 것은 과거에 그럴 만한 이유가 분명 존재했기 때문이라고 설명했다. 우리 부천 역시 부천노총을 중심으로 지역 시민사회단체와의 협력사업을 비롯한 다양한 사업이 펼쳐지면서 그 과정에서 인재가 만들어지고, 그 인재가 다시 사업을 성공시키며 다시 인재를 양성하는 '성과의 선순환' 과정이 반복된 것이다.

현재도 부천노총 의장 출신인 김준영 씨가 우리나라 금속연맹에서 중심추 역할을 하고 있다. 이러한 몇 명의 걸출한 인물들은 자신의 영역에서 나름의 영역을 만들었고, 그 영역 안에서

훈련받은 후배들이 다시 지역 내의 자기 영역을 만들어내는 과정이 반복되면서 오늘날의 부천이 만들어진 것이다. 다시 강조하지만 모든 변화의 이유는 그 내부에 있고, 그런 변화는 발전이라는 미래의 희망을 만든다.

부천 지역을 배경으로 정치적인 성장했는지 여부와 무관하게, 시민사회의 역량 강화가 어떤 의미인지를 정확히 아는 국회의원을 가진 지역과 그렇지 않은 지역의 차이는 시간이 흐를수록 분명하게 나타나게 되어 있다.

이러한 여러 가지 이유를 바탕으로 우리 부천은 다른 지역에서는 볼 수 없는 지역공동체에 대한 인식이 크게 자리잡고 있고, 다른 지역에 비해서는 시민사회의 영향력이 큰 지역이라 말할 수 있다.

2장

지역화폐를
알아본다

1

화폐
일반론

화폐란 무엇일까? 네이버 지식백과를 참고해서 설명하면 다음과 같이 말할 수 있다.

돈은 인류 스스로 만들어 낸 가장 큰 선물이다. 돈은 화폐라고도 한다. 필요에 따라 돈이 만들어졌고, 형태가 진화되었다. 케인즈주의 경제학의 창시자인 케인즈의 스승인 영국의 알프레드 마샬과 함께 근대경제학 이론의 한 기둥인 한계효용 개념을 정립한 오스트리아 경제학자인 칼 멩거 Carl Menger 는 "화폐는 물물교환의 단점을 극복하기 위해 탄생한 발명품"으로 간주했다. 흔히 화폐를 인체에 있어서 혈액의 역할로 비유한다. 경제의 핏줄인 돈을 제대로 지키지 못하면 경제는 파탄에 이르게 된다. 과거 독일이나 남미의 일부 국가들이 겪은 초인플레이션이나 최근에 빈번하게 발생하는 금융위기는 돈을 제대로 관리하지 못해 발생한 결과이다.

돈이란 인간의 경제생활에 있어 없어서는 안 되는 중요한 도구이다. 인간사의 많은 희로애락이 이 돈과 관련되어 있다. 돈을 우리는 화폐라고 부른다. 화폐의 형태는 역사에 따라 여러 가지로 분류할 수 있는데, 여기에서는 오늘날 우리가 쓰고 있는 지류화폐를 통칭하기로 한다.

화폐를 일컬어 '하늘로 난 마차길'이라는 표현이 있다. 하늘에 무슨 마차길이 있겠는가? 이는 화폐가 지닌 비현실성을 나타내는 말인데, 현재 우리가 쓰는 종이돈을 생각해 보면 아주 쉽다.

우리가 쓰는 종이돈은 사실 종이에 잉크를 묻힌 약속증서라 할 수 있다. 우리나라 안에서 한국은행이 발행한 돈은 그 종이 자체의 가치가 아니라 그 종이에 적혀 있는 금액만큼의 가치를 인정받는다. 우리 사회가 정한 일종의 약속이다.

신사임당이 그려진 5만원권 지폐의 경우, 그 종이 어디에도 5만원의 가치가 들어 있지는 않다. 그건 세종대왕이 그려진 1만원권도 똑같다. 하지만 우리는 그 종이를 하나의 가치로 인정한다. 국가가 그 가치를 보장하기 때문이다. 그래서 화폐를 하늘로 난 마차길이라고 하는 것이다. 현실에는 존재하지 않지만 실제로는 그렇게 작동한다는 뜻이다.

오늘날 화폐가 없는 경제생활은 상상하기 힘들다. 만약 우리 월급을 양파나 감자로 받는다고 생각해 보자. 일단 주고받는 게 상당히 힘들 것이다. 거기다가 보관도 쉽지 않다. 겨울에는 얼어버릴 수 있고 여름에는 쉽게 썩기도 할 것이다. 친구들과 술 약속이라도 잡으면 시내까지 양파나 감자를 들고 가야 하니 무겁기도 할 것이다.

이런 차원에서 생각해 보면 국가는 특정한 내용이 인쇄된 종이의 가치를 보증하여 신용을 생산하는 역할을 하기도 한다. 우리나라 안에서 신사임당이 그려진 5만원권은 종이의 가치를 넘어 어디에서나 5만 원이라는 가치를 인정받는다. 국가가 없다면 불가능한 일이다. 그래서 전쟁에서 진 나라의 화폐는 종잇조

각이 되는 것이다.

이렇게 중요한 화폐가 언제 어디에서부터 사용되었는지는 정확히 알려져 있지 않다. 우리 인류의 문명이 발전하면서 거의 같은 시기에 비슷한 방식으로 기능하는 화폐가 다양하게 등장했다.

그래서 화폐는 대체적으로 휴대가 간단하고 보관도 오래 할 수 있으며 작은 단위로 쪼개어 쓸 수 있는 물건이 이용되었다. 양파나 감자, 배추 같은 것이 화폐로 이용되지 않은 것은 이것들이 비록 잘게 쪼개어 쓸 수는 있어도 휴대가 어렵고 오래 보관할 수 없었기 때문일 것이다.

우리의 경우, 조선시대까지 쌀이 사실상의 화폐역할을 했는데, 이는 쌀이 경제생활의 중심이자 기준점이 되었기 때문일 것이다.

2

화폐의
기능

화폐의 기능은 크게 세 가지로 분류할 수 있다.

쌀은 있지만 소금이 없는 갑돌이와 소금은 있지만 쌀이 없는 길동이는 서로 교환을 통해서 자기가 필요한 것을 채울 수 있다. 이것을 우리는 물물교환이라 한다. 물물교환은 다른 어느 동물에서도 볼 수 없는 인간의 고유한 본성이다.

짚신은 잘 삼지만 소고기가 먹고 싶은 마당쇠와 소는 있지만 짚신이 필요한 돌쇠의 경우도 비슷하다. 이들은 서로가 필요한 물건을 가지고 있지만 짚신을 몇 켤레나 주면 소 한 근을 얻을 수 있는지 정하기 어렵다. 더군다나 소는 한 근만 따로 떼어 먹을 수도 없다. 소라는 생명을 죽여야만 고기를 먹을 수 있는데 마당쇠와 돌쇠 둘만 있는 세상에서는 서너 근쯤 먹다가 나머지는 다 썩어버릴 것이다. 이 문제는 인간이 집단거주를 하면서 자연스럽게 해결되는 문제인데, 소 1마리를 잡아 공동체가 나눌 때 그 대가代價로 쌀을 받거나 미역으로 받거나 배추가 그 대상이 될 수도 있었을 것이다.

화폐는 교환을 매개하는 기능과 가치를 재는 척도의 기능, 가치 저장의 기능을 동시에 수행한다. 우스갯소리지만 마늘밭에 묻어둔 현금뭉치는 비록 인플레이션의 손해는 있지만 장기간 보관이 가능하다는 점이 큰 장점이다.

교환을 매개하는 수단이란 말은 대가를 지불한다는 말이다. 물품이나 서비스가 필요한 사람이 공급하는 사람에게 대가로 주는 지불수단으로 이용된다는 뜻이다. 오늘날 우리는 거의 대부분의 물건이나 서비스를 화폐를 주고 구입한다.

가치척도란 각각 물품의 가치를 측정하는 일종의 기준이 된다는 말이다. 쌀 한 말은 소금 1되와 동일한 가치가 있다고 말하지 않고 화폐로 각각의 가치를 정하는 것이다. 결국 쌀 한 말이 1만 원이고 소금 한 되가 똑같은 1만 원이라면 이들의 가치는 같다고 말할 수 있다.

가치의 저장 수단이란 말 그대로 재산을 보관할 수 있다는 뜻인데, 쌀을 팔고 소금이 아닌 화폐를 받아 저장해 두었다가 필요할 때 다른 사람에게서 소금을 사는 기능을 말하는 것이다. 현재는 사고 싶지 않지만 미래에 사고 싶을 때를 대비해 그 가치를 저장해 두었다가 나중에 구매한다고 생각하면 쉽다. 이것을 우리는 구매력을 미래로 이전시킨다고 표현하는데 화폐는 개인적인 욕망의 시차를 극복하는 중요한 도구로 작용한다.

그 유명한 《국부론》의 저자 아담 스미스는 '인간은 하나의 물건을 다른 물건과 거래하고 교환하는 성향을 지니고 있다'고 표현하면서 '화폐는 물물교환을 편리하게 하는 혁명적 발명품'이라고 설명했다. 아담 스미스는 이것을 이중적 우연이라고 설명했는데, 하필이면 소고기가 먹고 싶은 마당쇠의 우연 하나와 하필이면 짚신이 필요한 돌쇠의 우연이 만나 교환이라는 것이 이뤄진다고 생각할 때 그게 얼마나 희박한 가능성인지를 생각하면 그도 그럴 법하다. 그런 면에서 화폐는 바로 교환을 매개함으로써 이 이중적 우연을 가능하게 하는 장치로 작동되었다고 볼 수 있다.

화폐도 인간이 발명했지만 오늘날 우리가 쓰는 지폐(지전)의 발명은 인간생활을 한 단계 더 편리하게 해주는 데 큰 공헌을 하게 되었다. 냉정하게 말해 현재 우리가 쓰는 돈이라 불리는 지폐는 종이에 잉크를 묻혀서 인쇄한 것에 불과하다. 하지만 그 인쇄된 종이 쪼가리가 거기에 표시된 만큼의 가치를 지닌다. 어떻게 이게 가능한 것일까?

지폐의 출현 역사를 살펴보면 매우 재미있는데, 종이 쪼가리가 경제생활에서 하나의 가치를 지니게 된 것은 유대인들이 자신들이 운영하던 금보관소에서 발행한 금 보관증이 그 시초였다.

중세 유럽에서는 주로 유대인들이 고리대금업에 종사했는데, 이는 종교적인 이유와 매우 관련이 많다. 예수를 죽인 민족이라는 이유로 유대인들은 2천년 가까이 엄청난 박해를 당했는데, 그 박해 중 하나가 직업을 가질 수 없다는 것이었다.

중세시대 거의 모든 나라는 유대인들이 특정한 직업에 종사하는 것을 허용하지 않았다. 그런데 유럽 전체에서 가장 천시되는 직업이 바로 고리대금업이었다. 고리대금업은 말 그대로 돈을 빌려주고 그에 대한 이자를 받는 일이다. 그러니 자연스럽게 유대인들은 아무도 하지 않으려는 이 고리대금업에 종사했고, 엄청난 부를 쌓게 되었다. 사실 말이 고리대금업이지 오늘날의 은행과 큰 차이가 없는 직업이었다.

유대인들은 고리대금업을 하면서 안전한 대형 금고를 두고 금을 보관해주고 일정한 수수료를 받고 있었는데, 금을 보관하게 되면 당연히 금 보관증을 발행했다. 이런 일이 장기간 계속되면서 유대인들은 아주 흥미로운 사실을 발견했다. 자기들이 금고에 보관하는 금 중에서 대략 10% 정도만 나왔다 들어갔다를 반복하고 나머지 90%의 금은 계속 보관만 하더라는 사실이다.

더군다나 나중에는 자신들이 발행한 금 보관증이 거래되고 있다는 사실도 알게 되었다. 예를 들어 갑돌이가 받아간 금 보관증을 갑순이가 가져와도 금을 내주니 사람들이 귀찮게 금을 넣었다 뺐다 하지 않고 그냥 금 보관증을 서로 교환한다는 사실을 알았다.

이 두 가지의 사실을 합치면 이렇게 된다. 사람들이 맡긴 금의 90%는 잘 움직이지 않는다. 사람들은 자신들이 발행한 금 보관증을 금 대신 주고받는다. 그러니 금은 창고에 그대로 있는데 금 보관증을 이용한 거래는 계속되는 일이 발생한 것이다.

이들은 이러한 사실을 꿰뚫어 보고 자기 금보관소(나중엔 이 것이 은행으로 발전)에서 발행한 종이로 모든 거래를 할 수 있도록 했다. 이것이 오늘날 우리가 사용하는 지폐가 된 것이다. 그래서 홍콩에서는 과거 국정화폐가 아닌 은행화폐가 사용되기도 했다.

이런 대표적인 사례가 바로 '영란은행'인데, '영란英蘭'이라는 한자 이름에서 유추할 수 있듯이 영국과 네덜란드가 같이 만들었다는 의미다. 이것은 영국의 명예혁명과 매우 밀접한 관련이 있다. 영국의 왕 윌리엄 3세가 네덜란드 총독으로 일하면서 가깝게 지내던 네덜란드 은행가들이 윌리엄 3세의 왕위 등극 당시 영국으로 넘어오면서 은행 업무를 보게 되었고, 윌리엄 3세가 이 은행에 영국 중앙은행의 업무를 맡기면서 현재까지도 사실상 영국 중앙은행을 부르는 이름으로 사용되기도 한다.

화폐가 금본위에 의해 발행되었다는 것은 미국의 달러 역사를 살펴보면 금방 알 수 있다. 미국의 달러는 1970년까지 태환화폐였다. 태환화폐란 그 돈을 가지고 중앙은행에 가면 그 화폐 액수만큼의 금으로 바꿔줬다는 말이다. 어릴 적 어른들이 달러를 가지고 가면 금을 준다는 말을 했었는데, 아마도 이런 달러의 태환 기능에 대해 입소문이 퍼지면서 생긴 말일 것이다.

애초에 지폐의 발행은 보유한 금의 양만큼만 하는 것이 원칙이다. 그래서 거의 모든 나라가 자국이 보유한 금을 기준으로 화폐를 발행했다. 이러한 기준은 브레튼 우즈 체제의 정비로 더욱 공고화되었는데, 1945년 2차 세계대전이 끝난 뒤 미국을 중심으로 하는 승전국들은 미국의 뉴햄프셔에 있는 브레튼 우즈라는 작은 도시에 모여 전후의 경제적 문제를 논의했다. 이 자리에서 미국의 달러를 중심으로 하는 세계의 거래관계에 대해 약속을 하게 된다. 이것이 소위 말하는 '브레튼 우즈' 체제라 불리는 국제통화질서이다.

이 당시 약속된 브레튼 우즈 체제는 미국 달러를 기준으로 금의 양을 정하고, 이에 따라 달러와 파운드의 관계, 달러와 프랑의 관계, 달러와 마르크의 관계를 정하여 서로 교환의 기준으로 삼았다. 그래서 당시 이 약속에는 고정환율제가 채택되었다. 이 약속의 내용으로 말미암아 미국은 세계거래의 기준 화폐를 자국 화폐로 만들어 지금까지 어마어마한 이익을 취해 왔다.

이러한 브레튼 우즈 체제는 1970년까지 지속되었는데, 이미 1960년대 후반부터 브레튼 우즈 체제의 붕괴는 예견되었다. 당시 미국은 베트남 전쟁을 위한 비용을 위해 자국이 보유한 금보다 많은 양의 달러를 발행하고 있었다. 이 같은 사실은 당시 웬만한 국제금융 전문가들이라면 모두 알고 있었다. 달러가 금보유량보다 더 많이 발행되었다는 것은 결국 달러의 가치가 실제보다 낮다는 말이다. 이럴 때 달러를 가지고 가서 금과 바꾼다면 미국은 엄청난 손해를 감수해야 한다. 하지만 그 당시 냉전시대에서 미국의 패권 아래 어느 누구도 그런 장난을 칠 엄두를 내지 못했다.

이러한 상황에서도 미국을 상대로 달러 장사를 한 사람이 있었으니, 그가 바로 프랑스 대통령 드골이었다. 드골 대통령은 자국 기업들에게 '가지고 있는 달러를 미국에서 금과 바꾸라'는 비밀스런 지시를 했고, 그때부터 프랑스 기업들은 미국에서 달러와 금을 대규모로 교환하기 시작했다.

앞에서 이야기한 바와 같이 당시까지만 해도 미국의 화폐인 달러는 태환화폐였다. 때문에 달러를 내고 금을 바꿔달라고 하면 당연히 바꿔줄 수밖에 없었다. 이 약속을 어기면 미국 금융의 기본이 무너지기 때문이다.

미국은 울며 겨자 먹기로 프랑스 기업들에게 엄청난 양의 금을 내주어야 했는데, 이게 지속되면서 미국의 금 보유량은 바닥이 드러났다. 이로 인해 미국은 1971년 두 손을 들고 '태환중지' 선언을 했다. 이것을 우리는 '브레튼 우즈 체제의 붕괴'라고 부른다. 그리고 이때부터 세계 금융은 고정환율제에서 급속히 자율 환율제로 이동했다.

현재까지 일정 규모 이상의 국가 중 고정환율제를 시행하는 나라는 중국이 거의 유일하다. 나머지 나라들은 환율을 고정해서 하지 않는다. 고정환율제도는 환율변동으로 인한 위험을 방어한다는 취지에서는 좋은 제도일 수 있지만 이 고정된 환율이 시장의 가격을 지나치게 왜곡하면 큰 문제가 발생할 수 있다. 오늘날 중국이 경제적으로 G2의 위상을 갖고 있으면서도 이러한 고정환율제로 국제 금융시장을 왜곡하는 형태는 오래 지속되지 못할 것이다.

우리나라의 화폐도 동남아나 중국 등에 가면 일부 받는 곳도 있지만 국제거래에서는 쓰지 못한다. 국제거래에 쓰이는 화폐를 '기축통화'라 부르는데, 현재 기축통화는 달러가 60%, 유로화가 25% 정도이며 영국 파운드화, 일본 엔화, 중국 위안화가 나머지를 차지한다.

오늘날 중국이 가장 원하는 것이 자국의 화폐인 위안화를 달러와 동등한 기축통화로 만드는 것이다. 이를 위해 중국은 아프리카를 중심으로 전 세계 많은 나라에 금융지원, 투자, 무상지원 등을 아끼지 않고 있다.

　　이런 점에서 기축통화는 지역화폐와 가장 대척점에 있다고 볼 수도 있다. 지역화폐의 사용범위가 협소한 데 반해 기축통화는 세계를 대상으로 사용하기 때문이다.

　　그렇다면 유럽연합은 왜 화폐통합을 하게 된 것일까? 사실 이 문제는 매우 복잡하고 어려운 문제이다. 지역화폐에 대해 알기 위해서는 먼저 유럽의 통화통합을 한 번은 돌아봐야 한다.

　　한 나라가 단일한 법정통화를 유지하는 이유는 크게 3가지로 볼 수 있다.

　　첫째는 화폐 발행에 따르는 이윤이 국가에 귀속되기 때문이다.

　　모든 나라는 자국에서 쓰는 화폐를 인쇄해서 유통한다. 그런데 화폐는 사실 따지고 보면 인쇄된 금액의 가치를 가지지만 실제 그것을 만들어 내는 데는 그만큼의 돈이 들지 않는다. 국가가 화폐를 인쇄하면서 없던 가치가 만들어지는 것이다. 그래서 화폐의 제조에 들어가는 한계생산 비용은 0원이라고 한다. 이 부분에 대한 자세한 설명은 이 책에서는 생략한다.

　한 국가의 중앙은행이, 한계생산비용이 0원인 화폐를 인쇄해서 시중은행에 빌려주면 이자를 받는다. 우리는 이것을 콜금리 또는 기준금리라 한다. 우리나라도 한국은행이 이 기준금리를 얼마로 하느냐에 따라 시중은행의 이자율이 달라진다.비용이 들지 않는 화폐를 만들어서 시중은행에 원금과 이자까지 받고 빌려주기 때문에 국가는 화폐발행 과정에서 엄청난 이익을 얻는다. 이것을 전문적인 용어로 '시뇨리지'(화폐주조 차익)라고 한다. 한 국가가 화폐를 발행하는 이유 중 가장 중요한 것이 바로 이 '시뇨리지'를 누리기 위해서이다.

　두 번째 이유는 경제정책 중 하나가 화폐의 발행에 달려 있다는 점이다.

　모든 국가는 시중에 도는 돈의 양에 따라 조절을 한다. 경기가 침체되면 이자를 내려서 시중에 돈이 돌도록 하고, 경기가 활성화되어 인플레이션의 염려가 생기면 금리를 올려서 돈을 은행에 묶어둔다. 국가의 이런 기능은 매우 일상적인 기능인데, 이를 조절하기 위해서 국가의 화폐 발행은 매우 중요하다.

세 번째는 국가 단위의 사회적 통합성을 높이는 측면이 있다.

한 국가 안에 서로 다른 화폐가 여럿 존재한다면 그 국가의 사회적 통합성은 떨어지게 마련이다. 우리가 국가를 경제의 단위로 생각한다면 같은 화폐를 써야만 경제의 교환기능도 활성화되고 전체적인 경제 규모의 측정도 수월해지게 마련이다. 만약 우리나라에 2~3개의 화폐가 지역에 따라 다르게 되어 있다면 전체적인 화폐정책을 쓰기 어렵게 된다. 그래서 거의 모든 국가는 자국 안에서 유통되는 별도의 통화(법정화폐)를 발행한다.

그런데 유럽연합은 화폐통합을 단행했다. 비록 지금은 EU를 탈퇴하기는 했지만 영국은 EU에 가입해 있는 동안에도 자국 통화는 파운드를 별도로 썼다. 겉으로는 영국 여왕이 그려진 영국의 화폐를 포기할 수 없다는 다소 황당한 주장을 했지만 지난 30년간 영국 런던이 유럽 금융의 중심지였다는 점에서 영국의 의도는 상당히 자국 이기주의에 기반한 것이다. 이제는 영국이 탈퇴하면서 거의 모든 EU에 가입한 국가는 '유로'라는 하나의 화폐를 사용한다.

이런 화폐 통합은 위에서 설명한 국가의 이익 또는 기능을 수행할 수 없다. 화폐의 통합이라는 것은 단순히 새로운 화폐가 하나 등장했다는 차원의 문제가 아니다. 이것은 결국 EU에 속한 모든 국가가 국가의 화폐발행권을 유럽중앙은행으로 이전했다는 말이다. 그러면 당연히 화폐발행에서 오는 이익인 '시뇨리지'가 자기 나라가 아닌 EU로 간다는 의미이다.

또한 이것은 경제활성화 또는 경제통제 정책을 시행하기 어렵게 된다는 뜻이다. 예를 들어 프랑스는 경기가 활황이고 독일은 경기가 침체되었다면 과연 유럽중앙은행에서는 어떤 정책을 써야 할까? 프랑스에서는 시중의 돈을 거둬들이고 독일에서는 돈을 푸는 방법이 있을까? 이런 방법은 사실상 불가능하다. 그러니 경제 활황 또는 침체에 따른 중앙은행의 기능이 정지된다고 밖에 할 수 없다.

그럼에도 불구하고 유럽국가가 EU를 통해 화폐통합을 한 이유는 무엇일까? 위에서 설명한 국가단위의 이익과 정책수단 이상으로 뭔가 다른 이득이 있다고 결론이 났기 때문이다.

사실 어느 정도의 공간적 범위에서 동일한 화폐를 쓰는 것이 더 유리한가, 어느 정도의 인구규모에서 단일한 화폐를 써야 하는가에 대한 문제는 경제학의 오랜 숙제였다.

러시아는 세계에서 제일 큰 영토에서 단일한 화폐를 쓴다. 중국은 세계에서 제일 많은 인구를 가지고 단일 화폐를 쓴다. EU는 사실상 회원국 전체가 같은 화폐를 쓴다. 미국의 달러는 사실상 국경을 넘어 세계 공통적으로 쓰이는 것이 현실적이다.

과연 어느 정도 공간 범위와 인구 범위가 가장 적합한 형태인지는 사실 모범 답안이 없다고 봐야 한다. 지금까지 설명한 유럽연합처럼 많은 국가가 경제의 벽을 허물기 위해 아예 화폐를 통합하는 경우도 있고 이와는 반대로 아주 좁은 지역을 대상으로 하는 지역화폐도 존재하기 때문이다.

지역화폐의
의미

지역화폐의 가장 본질적인 의미는 일정 공간 내에서 자기들만의 화폐 통용을 통해 내부의 부가 외부로 유출되는 것을 막겠다는 의도로 고안되기 시작했다.

부천에 이미 입점해 있는 대형마트를 예로 들어보자. 이 대형마트는 부천시민들을 주요 고객으로 많은 매출을 올리지만 기업의 내부적 구조로 인해 이 마트의 이윤은 부천이 아닌 다른 곳으로 이전될 수 있다. 단순히 설명하면 부천에서 얻은 매출액이 다른 곳으로 옮겨갈 수 있다는 것이다.

2017년 지역별 지역 소득 유출 현황

순유입	① 서울 54.7	② 경기 19.5	③ 대구 10.0	④ 부산 10.0	⑤ 대전 5.3	⑥ 광주 4.2	⑦ 제주 0.5	⑧ 인천 0.5
순유출	⑨ 전북 -3.7	⑩ 강원 -4.6	⑪ 충북 -11.5	⑫ 경남 -11.6	⑬ 전남 -12.2	⑭ 울산 -16.4	⑮ 경북 -16.7	⑯ 충남 -28.0

*지역소득 역외유출입 = GRDP(생산소득) - GRNI(분배소득)

위 표는 2017년에 조사된 지역소득 유출 현황이다. 이를 통해 유입과 유출을 비교하면 왜 지역의 소득 유출 문제가 심각한 것인지를 비교적 쉽게 알 수 있다. 안타까운 것은 이러한 현황이 기초지자체별로는 자료를 구하는 것 자체가 매우 어렵기 때문에 이에 대한 대책을 세우는 데에도 한계가 크다는 사실이다.

지역화폐의 경제적 효과

- (군산) 상품권 4910억 원 유통 → 8,412개 가맹점 4302억 원 순매출 증가(업소 당 5114만 원)
  - 업소 당 월 100만 원 정도의 순이익(마진 30% 가정) 창출 → 최저임금 인상분을 상회
  - 가맹점(8,400개 중) 66.5%가 "군산사랑상품권 시행 이후 매출이 상승했다"고 답변
- (시흥) 상품권 508억 원 유통 → 6,929개 가맹점 매출 약 506

억 원 발생(업소 당 731만 원)

– 가맹점 폐업률(5.3%)이 비가맹점 폐업률(13.4%)의 절반

- (인천) 인천e음 1.5조원 발행 → 99,007개 가맹점에서 약 1.5조
  원 결제(업소 당 1560만 원)

  – 역외소비대체: 연 719억 원, 업체 당 월 60,450원의 매출 증
    가('19년, 인천연구원)

  – 역내소비대체: 연 480억 원, 슈퍼·편의점 업체 당 월 981,170
    원의 매출 증가 ('19년, 인천연구원)

- (포항) 상품권 3556억 원 환전 → 생산 3977억 원, 고용 6,071명
  유발 추산 ('17~'19.9월, 안동대)

위 표는 지역화폐 발행으로 인한 경제적 효과를 정리한 것
인데, 사실상 이러한 조사 결과를 토대로 보면 지역화폐 정책을
어떻게 이용하는지에 따라 지역경제 활성화라는 커다란 성과를
거둘 수 있음을 알 수 있다.

만약 부천에서만 사용하는 지역화폐가 있고, 그 화폐를 시
민들이 많이 사용한다면 그 부천에서 발생한 매출, 이익, 부는
다른 곳으로 이전하기 어렵게 될 것이다.

아주 오래전 강원도 원주에서는 대형마트 입점과 관련한 반대운동이 지역단위에서 매우 크게 일어났다. 그런데 나중에 합의한 내용은 대략 다음과 같았다.

'대형마트는 원주 또는 인근에서 생산되는 농산물을 우선구매하여 판매한다. 원주 또는 인근에서 생산되는 농산물이 있음에도 다른 지역에서 구매하는 경우는 특별한 예외의 경우를 제외하고는 원칙적으로 없도록 한다.'

사실 이러한 협상안이 타결된 지역이 많지는 않지만 근원적으로 보면 이러한 합의안은 대형마트와 지역 간의 일정한 상생이 가능함을 보여준다.

만약 부천에서도 이런 협약이 가능할 수 있다면 대형마트에서 파는 물품을 부천 내에서 생산된 것을 우선으로 할 수 있다. 이런 주장에 대해 대형마트 측에서는 '전통시장이라고 하여 그 지역에서 생산된 것만 판매하는 것도 아닌데 너무 가혹한 처사'라고 반발하기도 한다. 이러한 반론이 아예 근거가 없는 것은 아니지만 지역 내의 경제생태계를 위해 이러한 지역사회의 시민여론은 일정 부분 수용될 수밖에 없는 한계를 가진다.

지역화폐의 또 다른 역할 중 하나는 '지역공동체성'의 강화를 들 수 있다. 지역화폐라는 것이 특정한 지역 내에서만 사용되므로 거래의 양측은 지역 내부의 거래일 수밖에 없다. 그리고 그 지역화폐를 받은 사람도 그 화폐를 쓰기 위해서는 결국 지역 내 거래처를 사용하게 된다. 그러면 자연스럽게 지역 내부간의 관계망을 증대시키고 결국 이런 것들이 모여 지역 정체성을 강화하는 수단으로 작동하는 것이다.

지역화폐의 기능을 '지역의 부를 다른 지역으로 나가지 못하게 한다.'는 것과 '지역 공동체로서의 기능을 강화한다.'는 것은 도시의 공동체가 부족한 상황에서 결코 쉽게 판단할 수 없는 문제다.

지역화폐의 기능에서 또 하나 중요한 것은 대형마트나 백화점, 프랜차이즈 직영점등 대기업인 대형 유통업으로 가는 매출을 골목상권으로 돌리는 효과이다.

사실상 우리나라는 매년 1조 원 가까이 온라인 판매가 늘어나는 국가다. 다른 어느 나라에 비해서도 인터넷 망이 가장 발전해 있는 데다, 90년대 초반부터 구축된 배달망(택배산업)이 합쳐지면서 이제는 말 그대로 비대면 판매가 압도적인 우위를 차지

하고 있다.

　이러한 현상이 코로나 팬데믹 상황과 만나면서 가속도가 붙었다. 점점 더 많은 사람들이 대면 구매가 아닌 비대면 구매를 선호하게 되었고, 많은 식당 자영업자들이 어려움을 호소하는 와중에도 배달을 중심으로 하던 자영업자는 오히려 상당한 호황을 누린 것도 사실이다.

　위에서 대면거래가 지역의 공동체성을 높이는 데 기여한다고 할 때, 비대면 거래는 상대적으로 그러한 공동체성을 떨어뜨리는 기능이 있다고도 할 수 있다. 따라서 지역화폐가 활성화된다는 것은 이러한 지역의 공동체성 향상에 순기능을 한다고 보는 것이 사실에 가까울 것이다.

　오래전, 골목경제 활성화와 관련하여 흥미로운 사례가 있었다. 그것은 지금은 많이 사라진 동네슈퍼라고 하는 것이 단순한 판매기능을 넘어 지역의 방범기능을 한다는 연구 결과였다. 예를 들어 동네 아줌마들의 사랑방 구실을 하는 동네슈퍼가 발달되어 있으면 그 골목은 다른 골목에 비해 상대적으로 치안이 좋아진다는 것이다.

결국 지역의 골목경제 활성화는 단순하게 자영업자들의 수익확대만이 아니라 이러한 복합적인 기능까지 하는 게 현실이다.

1997년 IMF 사태 당시, 〈실업극복 국민운동본부〉라는 것이 범정부 차원에서 만들어져서 민관 협력 차원에서 다양한 사업을 펼친 적이 있다. 그런데 당시 부천시가 이 실업극복 국민운동본부의 지원을 받아 시행했던 사업이 '복지 사각지대' 조사사업이었다.

부천의 시민사회단체에서 오래 활동한 분들은 기억할지도 모르지만 이 당시 부천시는 '공공근로' 인력을 동원해서 부천시 전체의 '복지 사각지대'를 조사했었다. 당시 이 조사에서 가장 큰 역할을 했던 게 바로 '동네슈퍼'와 '동네약국'이었다고 한다.

당시만 해도 동네슈퍼가 골목마다 자리잡고 있었고, 의약분업 이전에 약국은 말 그대로 동네 골목의 친근한 이웃이었다. 이들은 평소 마을사람들과 친분이 높고 동네의 여러 가지 일상적인 일들에 대해서도 훤히 알고 있었기 때문에 어느 골목의 파란 대문 집에 무슨 일이 생겼는지까지 알 정도였다.

곁가지 같은 얘기지만, 오래전 제3세계 국가에 대한 해외

원조에 경험이 많은 지인은 대한민국 골목골목에 약국이 있다는 것은 국가 차원의 의료체계에 엄청난 자원이라는 평가를 했었다. 그도 그럴 것이 국가 비상의료체계라는 게 아픈 사람을 정확히 치료하는 것도 중요하지만 동네 골목골목에 6년 이상 의약품에 대한 전문적인 교육을 받은 사람들이 배치되어 있다는 것 자체가 국가 차원에서는 엄청난 자원이라는 것이다. 다른 나라 같으면 그런 시스템을 만들고 싶어도 만들기 어렵다고 했다. 코로나19 초기에 마스크 대란이 벌어졌을 때 골목골목에 있는 약국을 통해 마스크 수급이 가능한 것도 우리나라만의 특성이다.

여하튼 현재 골목형 약국은 사실상 많이 사라졌고, 시내 중심가와 병원 인근으로 약국이 몰리면서 일상적인 약품 구매가 어렵게 되면서 편의점 약국판매와 같은 새로운 제도가 생겨나게 되었다는 점을 생각할 때 세상은 참으로 우연과 필연이 돌고 돌아 만난다는 생각을 지우기 어렵다.

부천시가 이 조사사업을 시행할 당시 골목상점과 약국의 협력을 바탕으로 자세한 조사가 가능했고, 그로 인해 부천시가 당시 그 사업으로 연말에 큰 상을 받은 것으로 기억한다. 비록 지금은 많이 사라졌지만 동네슈퍼와 동네약국은 단순한 물건과 약품의 판매만 담당한 것이 아니라 동네 사랑방이자 동네의 파수꾼 같은 역할도 한 것이다.

바로 이것이 우리가 알지 못하는 골목경제 활성화의 또 다른 이유가 된다고 할 수 있다. 결과적으로 공동체라는 것은 하나의 구심점이 있고 그 구심점을 통해 사람들이 모이게 된다.

필자가 왜 지역경제에 집중하는지, 그 지역경제의 회생이 왜 중요한지를 새삼 느낄 수 있는 부분이다.

지역화폐가
뜨다

최근 지역화폐가 전 사회적으로 화제다. 많은 사람들이 지역화폐의 기능과 효과에 대해 새롭게 보기 시작했다. 특히 자영업자들은 2020년 재난지원금을 통해 지역 내에서만 쓸 수 있는 전자바우처 개념의 지역화폐가 실제 현장에서 생각보다 큰 효과를 낸 것을 체감하였다. 정부에서도 지역화폐의 발행에 대해 전향적인 자세를 갖고 정책을 추진한 결과이다. 그리고 청와대 근무시절 그 업무는 내가 주로 담담했다.

지역화폐라는 말 자체는 한 국가 단위가 아닌 특정한 지역

내에서만 유통되는 화폐를 말한다. 우리나라에서는 원래 '○○사랑 상품권'이라는 이름으로 오래전부터 발행되어 왔다. 이러한 상품권은 다른 지역에서는 사용할 수 없다. 때문에 그 지역의 경제 활성화에 도움이 된다고 말할 수 있다.

그러나 이 상품권이 주로 지류(종이)상품권으로 발행되고, 이를 화폐를 돌려쓰는 일명 '상품권 현금깡'이 문제가 되면서 더 이상 확장되지 못했다. 이러한 '특정지역 상품권'이 얼마나 인기가 없었으면 결국 전통시장 전체에서 사용하는 '온누리상품권'으로 통합되는 수순을 밟았다.

여기서 통합되었다는 뜻은 실제로 온누리상품권이 여러 지역의 상품권과 특별한 협약을 맺고 통합되었다기보다는 지역별 상품권 발행의 효과가 흐지부지되고 상품권이 '현금깡'의 수단으로 악용되면서 발행에 대한 메리트가 떨어지고 자연스럽게 흡수된 측면이 강하다.

'온누리상품권'이 등장하면서 겨우 발행의 명맥을 유지해오던 지역조차도 '온누리상품권'을 핑계로 그냥 자연스럽게 발행을 중지했다고 하는 게 사실에 가까울 것이다.

그러면 이러한 지역화폐가 갑자기 새로운 정책대안으로 등장한 것은 무슨 이유일까?

과거의 지역사랑상품권은 크게 두 가지의 경로를 가지고 소비되었다. 주로 자치단체장의 발행 의지에 따라 공무원 등의 수당 중 일부를 지역사랑상품권으로 주는 경우와 관내 기업에 상여금의 일부를 지역사랑상품권으로 대체하여 지급하도록 단체장이 설득한 경우가 대부분이다.

그때까지 '우리 지역에서만' 쓸 수 있는 상품권에 대한 일반인의 생각은 그렇게 우호적이지 않았기 때문이다. 솔직히 종이로 생긴 상품권보다 내 통장에 현금으로 들어오는 걸 훨씬 선호하기 마련이다. 그러한 선호는 개인적인 입장에서 보자면 지금도 바뀐 것은 아니다.

상품권은 인터넷에서 물품을 구매할 수 없고 세금을 내거나 공과금을 내는 등 다른 용도로 쓸 수 없다. 극빈층의 경우 당장 급한 것이 공과금 등을 내는 것인데, 그것으로 쓸 수 없는 지역상품권 지급에 대한 반발도 있었다.

또한 공무원 또는 산하기관, 일반 기업에서 급여나 상여금 대신 이러한 상품권을 지급하는 일이 우리나라 현행법에 위반된다는 문제도 있었다.

우리나라 근로기준법에는 모든 임금은 '현금으로만' 지급할 수 있게 되어 있다. 과거 기업들이 안 팔리는 물건을 임금 대신 주는 잘못된 관행을 고치고자 그런 조항이 생겨난 것인데, 이 조항으로 인해 공공기관은 물론 일반 기업조차도 이러한 상품권을 대신 지급하는 문제가 쉽지 않았던 것이다. 지역상품권을 왜 발행하고 왜 지급하는지에 대해 이해를 못하는 게 아니라 명백히 현행법을 위반하는 문제였기 때문에 이러한 제도의 추진은 처음부터 한계를 갖고 시작된 것이다.

이런 상황에서 갑자기 지역화폐가 새로운 정책으로 급부상하게 된 이유는 성남시에서 시작된 '청년기본소득'을 지역화폐로 지급하기 시작하면서부터다.

원래 없던 새로운 현금성 복지제도를 도입하면서 그것을 지역화폐로 지급했으니 받지 않겠다고 버틸 재간이 없었다. 만약 이 제도가 기존에 있던 현금성 복지제도의 일부를 대체하여 현금이 아닌 지역상품권으로 지급했다면 큰 반발을 불러일으킬 수도 있었다.

하지만 새로 생기는 제도에 지역상품권을 얹어버렸으니 이런 혜택을 받는 수혜자 입장에서는 달리 거부할 도리가 없었다. 여기까지는 수혜자들의 불만성 반감이 있을 수 있는데, 이 상품권이 통용되면서 지역경제에 적지 않은 영향이 나타났다.

많은 자영업자, 중·소 상공인들이 지역상품권이 활성화되면서 매출에 도움이 된다고 느꼈고, 이런 정책을 더 넓히자는 제안까지 들어오게 되었다.

과거 지역상품권이 현금을 대체하는 효과였다면 성남에서 시작된 청년기본소득의 지역상품권 지급은 새롭게 열린 현금성 복지제도를 전혀 다른 방식으로 접근한 것이었다.

이때부터 지역상품권이라는 개념보다 '지역화폐'라는 이름이 더 자주 사용되고, 이로 인한 효과가 언론보도 등에 지속적으로 언급되면서 지역화폐는 급물살을 타기 시작했다.

2018년 이재명 성남시장이 경기도지사로 당선된 이후부터 지역화폐는 본격적인 활성화 단계에 들어간다. 경기도가 '청년기본소득' 100만 원을 지급하면서 전액 지역화폐로 지급하기 시작했다. 이때는 한 단계 더 나아가 과거 지류형 종이상품권이 아닌 카드사와 연계한 카드 포인트 형식으로 지급했다. 이로 인해 지류 상품권에 비해 '현금깡'에 대한 우려도 확실히 줄어들고, 변화한 소비 패턴에 맞는 카드형 지급방식이 되었으니 그 반감도 확실히 줄어들었다.

이 정책이 시장에 준 영향은 결코 작다고 할 수 없다. 소위 '대목을 맞았다'는 소리가 소상공인, 자영업자의 입에서 나오기 시작했고, 이때부터 정부도 '사용지역을 제한하는 형태'로 재난지원금 지급에 진향직인 입장을 갖기 시삭했다.

이 당시 필자는 청와대 자영업비서관실에서 업무를 보고 있었는데, 당시 느낌으로도 이러한 지역화폐의 효과가 어느 정도 바닥에서 실제 적용되는지에 대해 다양하게 실감을 할 수 있었다.

과거의 지역화폐는 말 그대로 종이에 상품권을 찍어 현금 대신 유통하는 방식이었다. 하지만 2020년부터 지역화폐는 종이 상품권이 아닌 체크카드와 연계된 방식으로 작동되기 시작했는데, 여기에서 우리가 간과하고 있는 일종의 메커니즘을 살펴볼 필요가 있다.

사람은 누구나 인센티브에 반응하게 되어 있다. 출근을 열

심히 해서 개근한 직원에게 포상을 하면 직원 중 대다수는 '개근'을 하기 위해 노력한다. 이러한 인간의 특성은 이미 오래전부터 연구와 실험을 통해 밝혀졌다.

그렇다면 소위 체크카드형 지역화폐는 어떤 방식으로 사용을 유도할 수 있었을까?

어떤 개인이 소비를 위해 통장에 현금을 넣어놓고 체크카드를 이용해 사용한다고 하자. 그런데 그걸 부처에서만 쓸 수 있는 지역 제한형 사용을 조건으로 걸면 당연히 불편할 수 있다. 백화점에서도 못 쓰고 일정 규모 이상의 매출이 발생하는 곳에서도 사용이 안 된다. 소위 유흥주점에서도 사용할 수 없고 유명 브랜드 매장에서도 마찬가지다.

이런 것은 사용하는 사람 입장에서는 아주 불편하다고 느낄 수 있다. 인간은 인센티브에 반응하는 존재이기도 하지만 인센티브의 반대인 '디스인센티브'에도 곧바로 반응한다. 내가 소비를 위해 카드를 쓰는데 지역을 제한하고 사용처를 제한하는 것은 분명히 '디스인센티브'에 속하는 일이다. 그럼에도 사람들이 이 지역화폐를 쓰게 만들기 위해서는 반드시 '디스인센티브'를 넘어서는 '인센티브'가 제공되어야 한다. 그렇지 않고 지역을 위해 당연히 '지역화폐'를 쓰자고 하는 캠페인은 쉽게 성공하지 못할 것이다. 여기에서 인센티브에 해당하는 것이 바로 정부가 지원한 '발행지원금'이다.

내가 내 돈으로 10만 원을 충전하면 실제 최종 충전금액은 106,000원을 주는 방식이다. 이게 10만 원일 경우에야 그렇지 만약 여러 차례 충전을 통해 100만 원을 충전하면 6만 원을 추가로 지급받는 것이다. 이런 정도의 인센티브는 기존의 카드 캐시백을 포함해서 파격적인 조건이 될 수밖에 없다.

일부 지자체의 경우, 추석이나 설 명절에 앞서 특정 기간 동안 충전하면 10%의 추가 가산금을 얹어준 경우가 많은데, 이때 정부가 6%의 지원금을 주고 지방정부가 추가적인 4%의 부담을 했기 때문에 가능했던 것이다.

여기에 이런 충전과 사용을 가능하게 하는 카드사 시스템 수수료도 지방정부가 부담한다. 그러니 소비자 입장에서는 100만 원을 충전해서 110만 원을 쓸 수 있게 되니 웬만한 사용자라면 당연히 지역화폐 충전에 몰릴 수밖에 없었다.

결국 경기도의 경우는, 청년기본소득의 지급을 아예 지역화폐로 하여 지역 내에서 소비를 늘리고 추가적인 일종의 보너스 적립 혜택을 통해 일반 사용자들을 끌어들였기 때문에 2020년과 2021년 지역화폐 발행은 급속도로 늘어났다.

이때부터 많은 지자체가 앞다투어 지역화폐 발행을 주도했는데, 이 발행을 지원하기 위한 예산 지원 내역은 아래쪽 표와 같다. 필자는 바로 이러한 지방정부의 발행을 돕는 이 지원금 제도를 활성화하는 데 업무의 많은 시간을 보냈다.

처음엔 이러한 인센티브 지급에 대해 반대하거나 못마땅해하는 부처의 직원들도 있었다. 하지만 나는 그들을 끈질기게 설득했다. 당장 코로나 팬데믹의 어려움 속에 처한 자영업자들에게 단 한 푼이라도 도움이 된다면 그것이 필자가 할 수 있는 최대한의 역할이라고 생각했다.

예산 연도별 지원 규모

구분	지원 내용	지원액	주요사항
2018	고용위기지역˙ 10% 할인비용 지원 ˙ 군산 71억, 거제 20억, 경남 고성 6억, 영암 3억 ※ 발행규모 3714억 원 (고용위기지역 1000억 원)	100억 원	추경　　 70억 원 예비비　 30억 원
2019	2.3조원에 대해 발행액의 4% 지원	884억 원	예비비 533억 원 특교　 351억 원

		(계 6690억원)	
2020	(본예산) 3조원에 대해 발행액의 4% 지원	1113억 원	국비 712억 원 특교 401억 원
	(1차 추경) 3조원에 대해 발행액의 8% 지원 할인율 10% 한시상향 (3월부터 4개월간)	2400억 원	추경 2400억 원
	(3차 추경) 3조원에 대해 발행액의 8% 지원 ※ 할인율 10% 한시상향	2400억 원	추경 3177억 원
	본예산 잔여분 1.9조원에 대해 4% 추가 지원 ※ 본예산 잔여분 지원율 상향 (4→8%)	777억 원	
2021 예산 안	15조원에 대해 발행액의 8% 지원 (6% 추가 지원) (불교부단체는 1.16조원에 3~4% 한시지원) · 고용위기지역 중심의 인센티브 지원 (특교)	1조 722억 원	국비 1조 522억 원 특교 200억 원

위의 표를 보면 2018년 경기도의 지역화폐 발행으로 다른 지역에서도 이러한 지역화폐 발행이 조금씩 이뤄지다가 2020년 발행된 내역과 금액을 보면 실로 엄청나게 증가하였음을 금방 알 수 있다. 884억 원에서 6690억 원으로, 무려 750% 넘게 성장한 것이다.

여기 금액에서 중요한 것은 이 금액이 발행액이 아닌 지원액이라는 사실이다. 이 금액이 전체 발행액의 6%라 생각하면 실제 발행된 금액은 상상을 초월할 정도다.

이러한 지방정부 단위의 발행은 사실 경쟁적으로 확대될 가능성이 높다. 예를 들어 안산시에서 1천억 원을 발행하면 분명히 안산시 내에서 1주일 안에 자영업자들의 반응이 나타나게 되어 있다. 그런데 부천시가 그런 정책을 쓰지 않으면 당연히 불만의 목소리가 나올 것이고, 결과적으로 이러한 정책은 지역 간의 경쟁을 유발하지 않을 수 없게 된다.

국가가 지역화폐 발행을 지원하는 근거규정은 2018~2020년까지는 〈지방재정법〉이었다. 그러다가 2018년 이후 지역화폐라는 개념이 우리 사회에서 폭발적인 인기를 끌고 2020년 코로나 지원금이 지역화폐라는 이름으로 지급되면서 〈지역사랑상품권법〉이 제정되었다.

〈지방재정법〉 제23조(보조금의 교부) ① 국가는 정책상 필요하다고 인정할 때 또는 지방자치단체의 재정 사정상 특히 필요하다고 인정할 때에는 예산의 범위에서 지방자치단체에 보조금을 교부할 수 있다.

〈지역사랑상품권법〉 제15조(지역사랑상품권 활성화 지원) ① 국가와 지방단체는 지역사랑상품권의 활성화를 위하여 대통령령으로 정하는 바에 따라 지역사랑상품권의 발행·판매·환전 등 운영에 필요한 지원을 할 수 있다.

<지역사랑상품권법 시행령> 제5조(지역사랑상품권 운영 지원) ① 국가는 법 제15조제1항에 따라 지역사랑상품권을 운영하는 지방자치단체에 지역사랑상품권의 운영지침 수립, 활성화를 위한 공모사업 실시, 홍보 및 적정 유통을 위한 현황관리 등 운영에 필요한 사항을 지원할 수 있다.

② 특별시·광역시·도(특별자치시와 특별자치도는 제외한다)는 법 제15조제1항에 따라 관할구역 안에 있는 시·군·구(자치구를 말한다)에 지역사랑상품권의 홍보 및 적정 유통을 위한 현황관리 등 운영에 필요한 행정적 지원을 할 수 있으며, 예산의 범위에서 지역사랑상품권의 발행·할인·판매·환전 및 홍보 등에 드는 비용을 지원할 수 있다.

※ <지역사랑상품권법>에 명시 규정이 없더라도 <지방재정법>을 근거로 예산 지원 가능

이후 2021년 예산안부터는 〈지역사랑상품권법〉(2020.07.02. 시행)이 시행되면서 법적 토대가 마련되었고, 이를 근거로 지역화

폐를 발행하는 지방정부의 비용을 보조하게 되었다.

애초 지역화폐라는 이름으로 지역사랑상품권이 발행되던 때에는 이 사업이 성격상 자치사무로서 정부의 본예산 편성이 곤란하다는 의견이 다수였다. 그런 이유로 필요할 때마다 예비비, 추가경정예산, 특별교부세 등을 활용하여 지원하는 방식을 활용하였지만 코로나가 장기화되고 지역화폐가 지역 내의 경기활성화에 도움이 된다는 여론이 커지면서 더욱 적극적인 지원 분위기가 이어졌다.

지역화폐 발행 현황

- (2018년) 군산, 성남, 포항 등 66개 지자체가 3714억 원 발행
- (2019년) 177개 지자체가 2.3조원 발행(자치단체 자체 발행액 포함 시 총 3.3조 원 규모)
- (2020년) 대구, 대전 등 197개 지자체 총 9조 원 발행예정(본예산 3조+1차 추경 3조+3차 추경 3조)

이러한 지원금을 통한 지역화폐의 발행에 대해 반론도 적지 않다. 가장 큰 이유는 그것조차 충전할 수 없는 사람들의 문

지역화폐 발행 지자체 수와 발행 규모

년도	2018년	2019년	2020년	2021년
발행지자체수	66개	177개	230개	231개
총판매액 (A=B+C)	3714억	3조 1812억	13조 2916억	
발행지원액 (국비)	100억	884억	6690억	1조 522억
국비지원 발행규모		3조 3255억	9조 5642억	
국비지원 발행규모 중 판매액(B)	1000억	2조 2573억	9조 2401억	15조
지자체 자체발행 판매액(C)	2714억	9239억	4조 515억	

- 발행지자체는 2018년 66개 지자체 0.37조원→19년 177개 지자체 3.3조 원

- 정부 지원으로 발행 규모 6배 이상 확대

제이다.

　　예를 들어 부천시가 지역화폐 30만 원 이상을 충전하는 경우, 4%의 추가 인센티브를 제공하여 총 10%의 인센티브를 제공한다고 가정해 보자. 내 통장에 돈이 있는 사람이야 쉽게 돈을 충전하여 추가적인 인센티브를 받을 수 있지만 그 30만 원이 없어서 충전을 못하는 사람을 어떻게 배려할 것이냐의 문제인 것이다.

　　이런 문제제기는 일면에서는 타당하다고 볼 수 있다. 하지만 그건 복지와 경제정책을 나눠서 보는 게 더 합당한 문제일 것이다.

30만 원조차 없어서 충전을 못하는 사람들도 분명 우리 사회에 있다. 그 사람들은 대부분이 기초수급대상자를 비롯한 다양한 이름으로 정부와 지방자치단체로부터 지원을 받고 있다. 그건 복지의 영역에서 다뤄질 문제이고, 코로나 팬데믹으로 인한 지역사회의 활기를 되찾기 위해 일정 부분의 인센티브를 제공하여 지역화폐를 활성화하는 정책은 지역경제 정책으로서 그 자체로 의미가 있는 것이다.

이런 문제 제기는 복지문제를 가지고 기업에 대한 지원정책, 노사관계의 발전을 지원하는 정책에 대해 반대의 논리로 삼는 것과 비슷한 문제이다. 즉 문제제기를 할 수는 있으나 지방정부는 그러한 불만의 테두리를 넘어 지역 전체의 경제 활성화, 지역에 거주하는 시민들의 경제생활 영역에 대해서도 책임 있는 태도를 보여야 한다. 그런 점에서 필자는 이러한 문제 제기는 각각의 영역에서 논의하고 해결해야 할 문제이지 하나로 묶어 동시에 해결 발안을 모색할 일은 아니라고 생각한다.

이스라엘 출신의 사회철학자인 유발 하라리는 《사피엔스》라는 책에서 인간이 다른 동물에 비해 놀라운 문명을 이룰 수 있었던 가장 근본적인 능력을 '실존하지 않는 존재를 믿는 능력'이라는 견해를 밝혀 세계를 놀라게 했다.

유발 하라리의 주장에 따르면, 인간과 동물이 거의 같은 수준으로 살던 시기가 있었고 어느 시점에 이르러 인간은 새로운 능력을 갖게 되었는데, 그 능력이 바로 상상 속의 내용을 믿는 능력이라는 것이다.

예를 들어 우리의 건국신화를 생각해 보자. 하늘에서 내려온 환웅이 곰과의 사이에서 단군을 낳았고, 그 단군이 우리의 시조가 되었다는 것이다. 이 과정에서 나오는 곰과 호랑이가 쑥과 마늘을 먹고 100일을 버틴다는 얘기부터 생각해 보자.

우선 호랑이는 육식을 하는 동물이지 채식을 하는 동물이 아니다. 그러니 쑥을 먹을 가능성도, 마늘을 먹을 가능성도 없다. 만약 그런 호랑이가 있었다면 영양실조로 한 달 안에 죽었을 것이다. 상식에도 맞지 않는 이런 황당한 얘기를 우리는 공통의 인식 영역에 두고 있다.

하늘에서 사람이 내려온다는 것 자체도 허황된 주장이고, 곰이 여성으로 변했다는 것은 상상 속에서나 가능한 일이지 현실에서는 불가능하다. 더구나 그렇게 해서 여성으로 변한 곰과 인간이 번식에 성공했다는 것은 말이 되지 않는다. 그러나 지난 수천 년간 우리 민족은 그런 건국설화를 공통의 이야기로 간직해 왔다.

사실 따지고 보면 우리가 아는 다른 나라의 건국신화도 이런 비상식적인 영역에서 만들어져 있지만 그런 사실을 믿는 공통성이 있다. 유발 하라리는 바로 이 지점이 인간과 다른 동물을 분리하는 가장 큰 역할을 했다고 주장했다.

지금도 인간은 머릿속에 존재하는, 사실상 현실에서는 존재하지 않는 비현실적 개념을 믿고 있다. 근대국가로 발전하면서 거의 모든 국가에서는 인권을 기본적인 국민의 권리로 인정하고 있는데 사실 인간의 몸속 어디에도 인권이란 존재하지 않는다. 그런 기술이 가능한지는 모르지만 인간의 몸을 원소 단위로 분해해도 인권이라는 것은 존재하지 않는다. 상상 속의 개념을 우리 인간은 믿고 그 가치를 지향한다. 눈에 보이는 것으로만 접근하다면 이 얼마나 황당한 일인가?

지역경제 활성화의 문제도 이런 영역에 가깝다. 인간은 집단생활을 영위하는 존재여서 그 집단이 어느 특정한 상황을 매우 긍정적인 신호로 받아들이면 그 사회 내에서는 활력이 넘치는 경우가 생긴다.

우리 부천시의 골목마다 자영업자들의 얼굴에 웃음이 사라지지 않고 '살맛 난다'는 느낌을 갖고, 그런 분위기가 부천의 전체적인 분위기와 맞물리면 지역 내에서 일종의 시너지가 나오게 된다. 이런 지역사회에서는 기부금의 액수도 올라가고 서로가 서로를 신뢰하고 토닥이는 기풍이 자라나게 된다. 그래서 지역경제의 활성화가 단순히 자영업자의 매출증대로만 해석될 수 없는 것이다.

부천에 소재한 17개의 전통시장이 뭔가 활기에 차고 상인들이 '살맛 난다'는 분위기가 살아나면 단순히 전통시장에 있는 사람들의 분위기만 좋아지는 것이 아니다. 수많은 골목경제가 덩달아 살아나고 특정한 골목경제가 더 좋아졌다는 얘기는 부천 전체를 일종의 상승기류로 만드는 법이다.

그런 차원에서 지역화폐 정책은 다른 어떤 정책에 앞서서 부천시의 전체적인 분위기 반전과 지역사회의 역동성 제고를 위해 필요하다는 게 필자의 생각이다.

지역화폐의
역사

앞에서 밝힌 것처럼 지역화폐는 일정한 지역 내에서 그 지역의 부가 외부로 유출되는 것을 막기 위해 그 지역 안에서만 유통되는 일종의 지역 구성원의 약속이 구체화된 형태로 나타나는게 그 특징이다.

그렇다면 우리나라에서 언제부터 지역화폐가 등장하게 되었을까? 그리고 그 과정에서 보여준 지역화폐의 가능성은 어떨까?

지역화폐는 일정한 구역 내에서만 사용할 수 있다는 특징 외에도 '대안적 화폐'라는 의미도 가지고 있다. 대안화폐라는 것은 법정화폐(법화)의 불안정성에 대응해 지역단위(또는 더 넓은 지역이라도)로 발행되었다.

대안화폐는 애초 대자본에 잠식되지 않은 독립적인 화폐를 발행하여 동네 안에서 개인 간 거래를 활성화하고 지역경제를 살리는 동시에 마을의 공동체성을 회복하는 것이 가장 큰 가치로 평가받아 왔다. 하지만 '대안화폐는 모두를 위한 돈'이라는 인식이 퍼져 있는 해외에서는 제법 활발하게 사용되고 있는 것에 비해 국내에선 개념만 존재할 뿐 실제로 의미 있게 사용되는 곳은 별로 없었다. 일부 시민단체를 중심으로 대안화폐를 발행하는 곳이 있었지만, 실제 거래할 수 있는 공간이 별로 없었던 탓에 의미 있는 경제활동 영역으로 인정받기에는 한계가 있었다.

대전광역시의 한밭레츠 오순열 대표는 "1997년 외환위기 이후 돈이 최고인 시대가 됐다. 돈 없이도 살 수 있는 사회를 꿈꾸며, 돈을 직접 만들어보자는 생각으로 두루를 만들게 됐다."고 밝혔다. 한밭레츠의 두루는 전 세계적으로도 지역화폐를 성공적으로 정착시킨 사례로 손꼽힌다.

두루는 화폐경제 체제에 대안을 제시한다. 현대 사회에는 돈이 단순한 물물교환의 단위를 넘어서 부의 축적 수단으로 활용되면서 돈이 돈을 만드는 체계가 형성됐다. 많은 돈을 가지고 있으면 가만히 있어도 엄청난 이자수입이 발생한다. 돈이 많은 부자들은 더욱 부자가 되고, 돈을 빌려야 하는 가난한 사람들은 더욱 가난해진다.

하지만 두루에는 이자가 붙지 않는다. 기존의 시장경제체계와 달리 빈익빈 부익부 현상을 발생시키지 않는다. 기존의 법화의 문제점을 해결하기 위해 등장한 대안화폐의 당연한 기능이라고 할 수 있다.

미국의 경우 2008년 글로벌 금융위기로 달러 가치가 떨어지고 정부의 통화정책에 대한 불신이 커지면서, '대안화폐' 운동이 활기를 띠고 있다. 아직도 기억하는 분이 많으시겠지만 2008년 서브 프라임 모기지론 사태 이후 미국 월스트리트에서는 '월가 점령 시위'가 한동안 지속되었고, 이를 계기로 미국과 캐나다, 영국, 남아프리카공화국 등지에서 공식화폐 대신 지역화폐를 유통시키는 '대안화폐', '공동체화폐'가 일시적으로 활성화되었다.

이러한 대안화폐는 국가에 따라 많은 차이가 있지만 근본적으로는 공동체성을 강화하는 기능으로 작동한다. 인간 생활 중에서 경제공동체는 다른 어떤 공동체보다도 강력한 소구력을 발휘하게 된다. 지금의 대안화폐, 지역화폐의 기능과는 다르지만 과거의 배타적인 인류의 삶을 생각하면 당연히 대안화폐는 국가 권력에 대항하는 일종의 지역운동으로서 기능하기도 했다.

대안화폐는 국가의 중앙은행을 통해 발행되는 법정화폐(법화)를 제외한 화폐를 말한다. 개인이나 기업, 지역공동제 등에서 만들어 사용하는 지역화폐나 물물교환 등이 모두 대안화폐에 해당한다.

다음백과에서는 다음과 같이 대안화폐를 설명하고 있다.

대안화폐는 법정화폐가 제대로 흘러가지 못하는 영역에서 이를 보완하는 역할을 한다. 지방정부나 지역공동체가 발행하는 지역화폐가 대표적이다. 지역화폐는 특정 지역의 공동체에서만 쓰이는 화폐로 지역교환거래체계Local Exchange & Trading System의 약자인 레츠LETS라 불린다. 대도시로 돈이 몰리는 상황에서 특정 지역에서만 유통되는 지역화폐를 발행해 지역경제를 활성화하기 위한 사회적 경제의 수단 중 하나라고 할 수 있다. 이러한 지역화폐를 통해 특정 지역의 공동체 사람들은 지역화폐를 가지고 노동과 물건을 거래할 수 있다.

지역화폐는 '다자간 품앗이'를 위한 대안화폐의 성격도 갖고 있다. 2020년 전국지방자치박람회에서 대상을 수상한 고양시 풍산동에서는 지역화폐의 일종인 '그루'가 사용되고 있는데, 이 지역화폐의 특징은 전자화폐 방식과 더불어 자원봉사와 연계된 시스템을 구축하였다.

예를 들어 거리청소를 1시간 하면 포인트가 1천 점 생긴다고 가정해 보자. 이 사람은 이 포인트를 이용해 지역 내에 있는 음료가게에서 현금처럼 사용할 수 있다. 어떤 노인들의 경우엔 자신이 쌓은 자원봉사 포인트를 이용해 손자들에게 포인트를 넘겨주는 용돈도 줄 수 있다. 이 풍산동 지역에서는 음식점, 상가, 학원 등이 이러한 지역공동체형 '품앗이'를 포함하는 지역화폐를 운영하여 대상을 받았다.

원래 이러한 개념을 고안한 것은 서울 노원구가 최초의 시도인데, 노원구는 이러한 지역화폐를 당시 인기를 끌던 블록체인 기술과 연결하고 고양시 풍산동과 같이 자원봉사 점수와 지역의 골목경제를 연결하려고 시도했고 매우 좋은 앱도 개발했다. 하지만 그 이후 노원구에서는 이러한 시도가 더 이상 없었다.

그 이유는 자세히 알지 못하지만 적어도 기술적인 부분에서 이러한 시스템이 충분히 가능하다는 것만은 확인된 셈인데, 일부에서는 이미 이러한 기능을 이용해 다자간 품앗이를 현실화시키고 있다. 충남 공주시에서도 이러한 형태의 지역화폐가 시도되고 있고, 2021년 현재 활발한 활동을 벌이고 있기도 하다.

지역화폐의 대표적인 사례가 대전의 한밭레츠라면 충남 홍성군 홍동면의 사례도 되돌아볼 만하다. 충남 홍성군 홍동면은 우리나라 친환경 농업의 진원지 같은 곳이라 할 수 있는데, 이곳이 바로 풀무학교가 있는 곳이다. 흔히 풀무학교 하면 풀무원 회사를 생각하기 쉬운데, 풀무학교와 풀무원은 아무런 관련이 없다.

이 풀무학교(현재는 풀무농업고등기술학교)는 1958년 지역의 주민들이 첫 논의를 거쳐 이듬해인 1959년 학생을 가르치기 시작한 우리나라 환경농업 1세대의 산실이다. 현재는 정규 학력을 인정받는 고등학교가 되었지만 과거에는 학력인정을 받지 못해 대학을 가기 위해서는 검정고시를 따로 보아야 하는 학교였다. 현재는 매우 인기가 높아 그 지역학생들은 별도의 지역전형을 거치지 못하면 입학하기도 어려운 학교로 알려져 있다.

이 풀무학교를 졸업한 학생들이 고향을 떠나지 않고 학교 주변에 모여 살면서 공동체를 형성하고 농업에 종사하면서 여러 가지 의미 있는 실험을 하곤 했는데, 여기서도 자연스럽게 자신들만의 화폐인 '잎새'를 만들어서 사용하였다.

현재까지의 사용량이나 발행량 등에 대한 자세한 통계는 알 수 없으나 홍동면의 잎새 역시 우리나라에서 오랜 역사를 지닌 지역화폐라 할 수 있다. 현재 이곳 홍동면에는 매우 다양한 공동체 활동이 지속되고 있다고 한다. 얼마 전에는 독서토론회가 50주년을 맞았다는 소식이 SNS에 올라오기도 했다. 26세 젊은 나이에 독서토론회를 시작한 앳된 처녀가 76세가 되어 찍은 사진 속에는 지역공동체의 기쁨과 함께 살아가는 지역의 긍지가 묻어나 있었다.

이처럼 지역화폐는 지역의 공동체와 직접적인 연관이 있을 수밖에 없다.

우리나라에서 최초로 지역화폐를 도입하여 사용한 곳은 어디일까? 경기연구원 원장을 지낸 이한주 교수는 대전의 대표적 지역화폐인 한밭레츠와 괴산사랑상품권을 지목했다.

한국에서도 지역화폐는 새로운 시도로 전개되었습니다. 1997년 경제 위기를 즈음하여 한밭레츠와 괴산사랑상품권이 출발했습니다.

- 이한수 외, 《뉴머니 지역화폐가 온다》, 다할미디어, 2020, p5

최초의 지역화폐라고 명시적으로 밝히지는 않지만, 최초라는 의미로 거론한 것으로 볼 수 있다. 한국지방행정연구원 역시 한밭레츠를 지목한 것으로 보아 이러한 견해는 대체적으로 사실과 부합할 것이다.

국내에 소개된 지역화폐로는 1999년 상호부조에 기반을 둔 공동체 화폐인 '한밭레츠'가 있으며, 2000년대 이후에도 '과천 품앗이', '광명 그루', '송파 품앗이' 등의 다양한 형태의 지역화폐들이 등장한 바 있음.

- 한국지방행정연구원, 《지역사랑상품권 광역화 및 전국 확대발행의 경제적 효과분

석》, 한국지방행정연구원, 2019.11. p2

국회 입법조사처 류영아 입법조사관도 이슈와 논점 《지역
사랑상품권의 의의와 주요 쟁점》(국회입법조사처, 2020.10.5. p1)에서
"1999년 대전시 지역품앗이 한밭레츠에서 노동력 교환수단인 공
동체 회폐 '두루'를 사용한 깃이 최초의 지역사랑상품권이다."라
고 최준규 외,《경기도 지역화폐 활용방안 연구》(경기연구원, 2016.
p41~60)를 인용하며 한밭레츠를 지목하고 있다.

이렇듯 한밭레츠가 우리나라 최초의 지역화폐라는 의견이
많다. 레츠LETS는 지역 교환(고용) 거래 체계Local Exchange(Employment)
& Trading System의 약자이다. 1983년 캐나다의 '코목스 밸리'라는 섬
마을에서 시작된 시스템으로, 마이클 린튼이 설계하였다. 국내에
는 박용남 선생님이 소개하여 1999년에 한밭레츠가 시작되었다
고 한다.

한밭레츠는 '다자간 품앗이' 제도로 자신이 보유하고 있는
노동과 물품을 이를 필요로 하는 다른 사람에게 제공하고 자기

자신도 다른 사람으로부터 필요한 노동과 물품을 제공받을 수 있는 '회원 간의 노동 교환제도'라 표현할 수 있다. 화폐 단위는 '두루'인데, '서로 두루두루 나누고 돕자'는 의미에서 그렇게 명명했다고 한다.

지역화폐의 작동원리는 간단하다. 회원가입을 하면 '0'이 적힌 통장이 주어진다. 한 회원이 원하는 물건이나 서비스를 지역화폐 누리집에 올리고 다른 회원이 구매하면, 거래 금액에 따라 통장에 금액이 더해지거나 빠지는 식이다.

예컨대 홍길동이 집에서 키운 오이 한 바구니를 1,000두루에 올리고 거래가 이뤄지면, 홍길동의 통장에는 1,000두루가 더해지고, 구매한 사람의 통장에서는 1,000두루가 빠져나간 것으로 기록된다.

이러한 설계구조에서 보는 것처럼 지역화폐는 공동체 내부의 거래를 통해 서로를 돕는 긍정의 확산을 현실화시키면서 동시에 지역경제를 활성화시키는 역할을 한다. 이러한 노동의 교환, 품앗이의 교환에서 시작된 지역화폐는 이제 작은 공동체 단위에서 대안화폐의 역할을 하며 성장하였고, 소규모로 사용되던 지역화폐는 지자체가 지역화폐를 적극적으로 공급하면서 규모와 위상이 달라졌다.

최근 충남 부여군이 시도하고 있는 지역화폐도 새로운 관점으로 바라볼 수 있는 좋은 내용이다. 부여군이 현재 추진하고 있는 '굿뜨래페이'는 기존의 지역화폐와는 달리 금융 카드망을 사용하지 않고 자체적인 거래망을 확보하여 사실상의 역외유출을 막은 사례로 주목할 만하다.

이미 우리에게 익숙해진 지역화폐는 사실상 '체크카드의 사용지역 규제형'이라고 정리할 수 있다. 이 말은 그냥 일반 체크카드와 똑같은데 사용할 수 있는 지역과 매출 규모를 묶은 형태이다. 이런 형태의 서비스는 현실적으로 기존의 카드 결제망을 사용할 수밖에 없다. 때문에 원칙적으로 보면 매출자의 주소지가 특정 지역으로 묶인 것일 뿐 사업자 간의 거래에는 쓰이지 못하는 한계가 있었다. 그런데 부여군의 '굿뜨래페이'는 기존 카드망이 아닌 별도의 NFC 방식의 결제를 사용하여 카드수수료 자체가 없고 다른 가맹점에서도 결제가 가능한 최초의 형태이다.

필자는 원리적으로 이런 부여형 지역화폐가 실제로는 지역경제에 더 많은 혜택을 줄 수 있을 것이라 생각한다. 부여군의 경우 농민수당을 이런 방식으로 발행하여 농민에게도 도움이 되지만, 동시에 지역의 자영업자들에게도 순환되게 만드는 방식이어서 사실상 2중 효과를 본다고 할 수 있다.

이탈리아 출신 후생 경제학자로 유명한 빌프레도 파레토라는 인물이 있다. 이 사람이 고안한 예산의 최적성, 효율성에 관한 이론이 국가 재정상에서는 매우 중요한 기준으로 사용되곤 하는데, 어느 사회나 역사적으로 일관된 분배법칙이 존재한다고 생각했다.

부여군이 현재 실시하고 있는 '굿뜨래페이'는 지역화폐를 단순 충전이 아닌 정책발행으로 인해 예산의 파레토 차트가 2배 증가하는 것으로 조사되었다. 단순히 생각하면 부여군이 발행한 368억 원이 실제로는 730억 원 이상의 효과로 나타난다는 것이다. 이 기준이 얼마나 정확한지는 차후에 다시 따져보더라도 지금까지의 금융 카드결제망이 아닌 자체적인 결제망까지 갖춤으로써 장기적으로는 결제수수료 제로화를 달성한 점이 매우 흥미롭다고 할 수 있다. 만약 이런 방식대로 이 사업을 확장한다면 배달앱도 결제수수료를 없앨 수 있는 강점으로 작용할 수 있다.

이러한 장점으로 인해 '굿뜨래페이'는 2021년 2월의 하루 사용량 2200만 원에서 단 두 달 사이에 4억 4천만 원으로 급상승하는 결과를 보이기도 했다.

부여군이 추진하는 '굿뜨래페이'의 사례는 우리에게 중요한 세 가지의 관점을 제공해다. 첫째는 정책은 끊임없이 전진할 수 있다는 것, 둘째는 현장의 문제해결은 현장에서만 가능하다는 것. 셋째는 우리가 잘 몰라서 그렇지 지방자치의 현장 곳곳에서는 이런 혁신이 계속 일어나고 있다는 것이다.

해외 지역화폐의 운영 사례

미국 미주리주 북동부의 친환경공동체인 '춤추는 토끼 환경마을'에는 '양상추 은행'이라는 작은 지역은행이 있다. 이 은행은 '그린green'이라는 화폐를 발행하고, 지역민들은 이 화폐를 이용해 물건을 산다.

매사추세츠주 서부에는 한 화가가 디자인한 '버크셰어berkshare'라는 돈이 있다. 이 화폐를 찍어내는 것은 'E. F. 슈마허 소사이어티'라는 비영리재단이다.

뉴욕주 이타카에는 '이타카 아워스'Ithaca Hours라는 돈이 있다. 시간당 임금을 통화 단위로 바꾼 아워스는 이 지역에서만 통용되는 돈이다. 법적으로도 인정받고 세금도 부과되는 명실상부한 화폐인데, 이타카에서만 통용된다는 점이 달러와 다를 뿐이다.

캐나다에는 지역화폐거래시스템LETS이라는 것이 있는데, 지역 내에서 활발한 유통 단계를 거쳐 이제는 영국에까지 사용자들이 늘고 있다.

남아프리카공화국 케이프타운 교외 카엘릿샤 지역에서는 자급자족 공동체들이 '탤런트'talent라는 화폐를 만들어 쓴다.

해외 지역화폐

- (영국) 브리스톨 파운드: 2012.9. 첫 발행, 시민사회 주도로 운영, 시정부 지원(연 5만 파운드)
- (미국) 이타카 아워즈: 1991.11. 뉴욕주 이타카시 300여 상점에서 통용(회원 900명)
- (일본) 아톰 통화: 2004.4. 와세다·다카다노바바 등 5개 지역 1,000여 개 상점에서 통용

대안화폐들은 대개 공동체의 의미를 되살리고 사고 파는 물건·서비스의 진정한 '가치'를 되새기자는 취지에서 나온 것들이다. 예전에는 이런 대안화폐들이 아주 소규모 지역·공동체 단위에서만 운용돼 안정성이 떨어졌다. 하지만 달러를 비롯한 법정화폐가 인플레이션이나 투기에 몹시 취약한 것으로 드러나면서 상황이 역전됐다. 지역공동체의 실물경제에 기반을 둔 대안화폐가 오히려 인플레에 덜 민감하고 상대적으로 안정된 통화가 된 것이다. 몇몇 예외도 있지만 대부분의 지역화폐는 법적인 통화가 아니기 때문에 소득을 올려도 세금이 없다. 이 또한 경제 위기 때 대안화폐가 인기를 끄는 요인이 되고 있다.

지역사랑상품권의 발전과정

우리나라에서 지역화폐의 근원이 된 것은 일명 지역사랑상품권이라 불리는 지류상품권이 그 시초이다. 이러한 지역사랑상품권의 발행을 지원하는 사업은 지역 제한과 사용처 제한을 두어 지역 내 가맹점에서만 사용 가능한 상품권을 발행하는 지방자치단체에 발행액의 일정 비율을 지원하는 사업이다. 이를 통해 지역경제 활성화 및 역외유출을 방지하고, 어려움을 겪고 있는 소상공인 매출 증대를 지원한다.

지역화폐가 지역경제 활성화에 어떤 영향을 미치고 있는지를 살펴보면 지역화폐는 발행한 지자체 내에서만 사용 가능하므로 자금의 역외유출을 방지하는 한편, 지역 내 소비를 촉진하고 생산과 고용을 창출함으로써 다시 지역 소비를 확대하는 지역경제의 선순환 구조를 만들어낸다는 것은 이미 상당수의 국민들이 동의하고 있다. 지역화폐는 판매 즉시 소비로 이어지기 때문에 판매 후 1달 이내 환전율이 전국 기준으로 92.6%에 달하고 있고, 2019년 월평균 2000억 원 가량의 소비를 창출하는 것으로 나타나고 있다.

더구나 지역화폐 발행이 카드수수료에 대한 감면을 통해 소상공인과 자영업자의 매출증가에 크게 기여하는 부분은 이미 잘 알려진 사실과 같다.

특히, 지역화폐는 일부 할인비용만 지원해도 큰 규모의 지역화폐를 발행할 수 있어 비교적 적은 예산으로 큰 효과를 거둘 수 있는 매우 효율적인 지역경제 활성화 방안이라고 할 수 있다. 이러한 성과에 힘입어 2019년 883억 원의 발행 수수료 지원으로 2.3조 원의 발행을 가능하게 했고, 2020년에는 1171억의 수수료 지원으로 약 3조 원 가량이 발행되었다. 현재 추진되고 있는 우리나라의 경제정책 중에서 1100억 원을 투입하여 3조 원의 성과

를 내는 정책이 과연 또 있을까를 생각하면 지역화폐가 가지는
위력을 실감할 수 있다.

그렇다면 외국에서 발행되거나 사용되는 지역화폐와 우리
나라의 지역화폐는 어떤 차이가 있을까? 해외 지역화폐는 자발
적 지역공동체 운동의 성격이 강하다 보니 발행 규모, 사용 규모
가 우리나라에 비해 상대적으로 작고 전국적 활성화가 미미한
측면이 있다. 일본은 2005년 3,000개의 지역화폐가 통용되었으
나, 2019년 7월 현재 800여 개로 감소되었는데, 이조차도 대부분
소규모 공동체를 중심으로 사용될 뿐이다.

반면, 우리나라 지역화폐의 경우 정부가 발행수수료를 지원하면서 활성화되었고, 가맹점 수는 폭발적으로 증가하고 있으며, 법적·제도적 뒷받침(2020.7.2, 지역사랑상품권활성화법 시행)도 충실히 이루어지고 있어 향후 지역경제 활성화에 지속적으로 기여할 것으로 기대되고 있다.

여기에서 하나 짚고 넘어가야 할 문제는 지역화폐가 비록 지역경제 활성화, 골목경제 활성화라는 정책적 목표를 가지고는 있지만 이러한 지역화폐와 지역 공동체성 운동이 결합되는 방향으로 전환될 필요도 있다는 것이다. 경제정책을 오로지 경제정책으로만 쓰지 않고 여기에 몇 가지 아이디어를 덧붙이면 훌륭한 정책으로 한 단계 더 발전할 수도 있다는 말이다.

이러한 정책적 효과를 확인하기 위해 우리나라에서 도입된 지역화폐 사례 몇 가지를 확인해 보자.

강원 화천군은 비교적 빠른 1996년 4월 '내고장상품권' 발행을 시작했다. 군이 따지자면 민선 1기 시기였다. 그러다가 2005년 12월 '화천사랑상품권'으로 변경을 변경하고, 2006년부터는 산천어축제 관광객들에게 체험료 절반 가량을 상품권으로 돌려주기 시작했다.

화천사랑상품권은 산천어 축제라는 기회가 있어 발행량도 늘어났지만 사실 다른 사용처를 보면 거의 대부분이 군청과 직속기관에서만 활용되는 한계를 보였다. 이런 식의 당위성으로 시작되는 사업은 특별한 계기가 없는 한 지속적으로 운영되기 힘든 한계를 지닌다. 화천군의 사례는 '지역축제와 지역화폐를 연동한' 사례로 주목해서 보아야 한다.

전남 화순군은 비교적 빠른 1997년 '내고장상품권'을 발행했다. 맨 처음 발행한 액수는 7500만 원으로 알려져 있는데, 이 당시에는 공직자들에게 급여의 일부를 지급하여 지역에서 소비하도록 한 것이 화천군과 비슷하다. 이 상품권은 관내 농특산물 판매 촉진을 위해 발행됐지만 5년만인 2003년 폐지됐다. 사실상 이런 방식의 지역상품권이 활성화되기에는 여러 가지로 어려움이 많았던 것이 사실이다. 화순군은 2019년 다시 지역화폐를 발행하기 시작했는데, 이러한 사실로 우리나라에서 지역화폐 정책이 어느 정도 효용을 보이는지 짐작할 수 있다.

이외에도 2000년에는 강원도 삼척시가 2억 2500만 원, 전남 여수시가 10억 4600만 원을 발행했고, 2001년에는 전남 곡성군이 1억 5500만 원을 발행했다. 여기까지의 발행은 대부분 지류상품권이 거의 대부분이었고, 앞서 설명한 것과 같이 관공서

를 중심으로 애향적 소비패턴의 캠페인으로 사용되는 한계를 지
녔다.

이후 성남시에서 다시 지역화폐가 본격적인 발행을 시작했
고, 이때부터 '청년기본소득'에 사용하면서 폭발적인 지역화폐 신
드롬을 일으켰다. 이 해에 전북 군산시에서도 상품권이 발행되었
는데, 다른 지역에 비하면 군산이 조금 빠른 것이다. 그러다가 국
가 예산이 지원되어 본격적인 인센티브가 도입되기 시작한 것이
바로 2018년부터이다.

2018년 정부가 지역화폐 발행에 따르는 수수료를 지원하면
서 지역화폐는 본격적인 궤도에 올랐다. 2018년 지역사랑상품권
지자체 발행 현황을 살펴보면 총 66개 지자체인데, 광역은 인천
광역시와 강원도, 나머지 64개는 기초지자체이다.

정부가 코로나 이전인 2018년 지역사랑상품권에 대한 수수
료를 지원한 것은 고용위기 지역인 군산(전북), 거제(경남), 고성(경
남), 영암(전남)의 지역경제를 지원하기 위한 것이었다. 결국 나머
지 62곳은 정부 지원 없이 지자체 독자적으로 발행을 시작했다.
물론 이렇게 된 이유는 성남시를 비롯한 일부 지자체의 지역상품
권이 정책적으로 사용하면서 좋은 효과를 냈기 때문이다.

2018년 총 발행 규모를 보면 고용위기 지역 1000억 원(발행 비용 국비지원액 100억 원)을 포함해서 전국적으로 3714억 원을 발행했다. 지역으로 살펴보면 광주광역시는 남구, 경기도는 성남시, 안양시, 시흥시, 가평군이며, 강원도는 비교적 많은 10곳인데 춘천시, 원주시, 태백시, 삼척시, 정선군, 철원군, 화천군, 양구군, 인제군, 고성군이었다.

충청북도도 비교적 많은 9곳으로 제천시, 보은군, 옥천군, 영동군, 증평군, 진천군, 괴산군, 음성군, 난양군이며 충청남도의 경우 아산시, 계룡시, 당진시, 부여군, 서천군, 청양군, 예산군, 태안군이 지역화폐를 발행하기 시작했다.

전라북도는 군산시, 김제시, 장수군, 임실군, 완주군이고, 전라남도는 여수시, 순천시, 나주시, 광양시, 곡성군, 구례군, 보성군, 강진군, 영암군, 함평군 등 10곳에 이른다. 경상북도도 포항시, 군위군, 의성군, 영양군, 영덕군, 청도군, 고령군, 성주군, 칠곡군이 발행에 참여했고, 경상남도는 거제시, 의령군, 함안군, 고성군, 남해군, 하동군, 산청군, 합천군이 발행 대열에 참여했다.

이런 지역들을 살펴보면 대체적으로 강원도와 삼남지역(충

청, 전라, 경상)이 수도권에 비해 더 많음을 알 수 있다. 이는 지역
의 경제사정이 훨씬 좋지 못하다는 점을 반영한다고 하겠다.

지역화폐의
성과

지난 3년여 동안 대한민국에서 지역화폐는 어떤 성과를 거뒀을까? 아무리 좋은 정책이라도 그 정책을 통해 어떤 성과를 이루었는지가 가장 중요한 부분이 될 것이다. 우선 지역사랑상품권의 이름으로 발행된 지역화폐의 사용처를 분석해 보자.

다음 의 표를 보면 1순위는 우리가 흔히 아는 식당, 카페와 같은 곳이다. 자영업자들이 '대목을 만난 것 같다'는 표현은 바로 이러한 사용 순위에서 쉽게 드러난다. 2순위로는 유통업을 들 수 있는데, 일반적으로 슈퍼, 편의점 등이 사용대상의 2위임을 짐작

2019년 지역사랑상품권 업종별 사용처 분석

· **분석대상**: 총 판매액 3.2조 원 중 1.9조 원 대상
  - 카드형 상품권 사용액 (인천 1조 5837억 원, 경기도 2799억 원)
  - 모바일 상품권 사용액 (성남·시흥·제천·군산·영주, 총 517억 원)
    ※ 카드형은 BC카드 업종분류표, 모바일은 한국표준협회 업종분류표를 사용

· **사용현황**(상위 5순위)

대상		1순위	2순위	3순위	4순위	5순위
카드	인천	일반휴게음식 (28.4%)	유통업 (16.2%)	학원 (8.4%)	음료식품 (6.3%)	의원 (6.3%)
	경기	일반휴게음식 (38.5%)	유통업 (14.6%)	학원 (8.7%)	음료식품 (8.5%)	보건위생 (6.1%)
모바일		소매업 (38.7%)	음식점업 (21.9%)	교육서비스업 (16.7%)	개인서비스업 (9.9%)	보건업 (9.7%)

*일반휴게음식(일반한식, 서양음식 등), 유통업(슈퍼마켓, 편의점 등), 학원(보습학원, 외국어학원 등), 음료식품(제과점, 정육점 등), 의원(치과의원, 한의원 등), 보건위생(미용원, 안경 등)

할 수 있다. 3순위가 학원인데, 이는 부모들의 부담이 되는 학원비를 결제하도록 함으로써 실제 가정경제에도 적지 않은 도움을 주는 것으로 나타나고 있다.

한편, 위의 표를 보면 인천과 경기도의 순위가 같다. 그런데 이것은 사실상 소비의 패턴이 다르지 않고 모바일에서도 구분 기준이 달라서 그렇지 카드 사용과도 거의 비슷하다는 점을 알 수 있다.

2019년 지역사랑상품권 발행지원 예산

연도	지원내용	지원액	재원
2019	2.3조원에 대해 발행액의 4% 지원	884억 원	예비비 533억 원 특 교 351억 원

2019년 광역 지자체별 분기별 지역사랑상품권 판매액

(단위:억원)

지자체	발행액	1분기	2분기	3분기	4분기	판매량 합계 (총판매누계. %)	
부산	560	-	-	10	20	30	5%
인천	6,500	16	2,106	7,754	5,187	6,500 (15,063)	100%
광주	827	2	34	297	531	827 (864)	100%
대전	100	-	-	108	52	100 (160)	100%
울산	300	-	-	11	94	105	35%
경기	3,901	350	1,218	1,867	2,176	3,455 (5,611)	89%
강원	584	100	105	183	128	450 (516)	77%
충북	426	27	66	104	244	347 (441)	82%
충남	308	23	27	124	210	286 (384)	93%
전북	4,335	1,025	1,260	1,131	955	4,279 (4,371)	99%
전남	1,108	72	171	372	282	818 (897) 858 (961)	74%
경북	2,360	406	650	822	283	2,150 (2,161)	91%
경남	1,264	163	179	331	473	1,002 (1,146)	80%
합계	22,573	2,184	5,816	13,114	10,635	20,349 (31,749) 20,389 (31,813)	90%

2019년 광역 지자체별 분기별 지역사랑상품권 판매액

(단위:억원)

지자체	발행지원규모	1월	2월	3월	4월	5월	6월	7월	8월	9월	10월	11월	12월
부산	560	–	–	–	–	–	–	4	6	6	6	6	9
인천	6,500	6	1	9	50	571	1,485	2,789	2,513	2,453	2,324	1,518	1,345
광주	827			2	13	10	11	78	94	125	144	179	210
대전	100	–	–	–	–	–	–	40	27	41	15	18	18
울산	300	–	–	–	–	–	–	1	10	4	22	67	
경기	3,901	160	95	94	221	630	367	676	456	736	776	477	924
강원	584	57	26	17	23	55	27	28	46	109	30	28	70
충북	426	9	6	12	19	24	23	30	W	41	65	63	115
충남	308	12	5	7	6	14	8	11	43	71	23	51	137
전북	4,335	371	299	355	417	727	416	387	245	499	511	391	54
전남	1,108	47	13	12	21	72	78	38	76	267	83	90	165
경북	2,360	197	106	103	123	446	81	134	140	547	136	98	49
경남	1,264	74	65	25	39	66	74	75	72	183	101	152	219
합계	22,573	933	616	636	932	2,315	25.7	4,286	3,750	5,088	4,218	3,090	3,382

2019년 지자체별 지역사랑상품권 발행 현황

(단위:억원)

구분	계	광역	기초		발행(172)	미발행(71)
			총	발행		
총계	172	6	226	166		
서울			25			서울특별시(25)
부산	17	1	16	16	부산광역시(16)	

대구			8			대구광역시(8)
인천	11	1	10	10	인천광역시(10)	
광주	6	1	5	5	광주광역시(5)	
대전	1		5	1	대전광역시(대덕구)	대전광역시(4)
울산	6	1	5	5	울산광역시(5)	
세종						세종특별자치시
경기	31		31	31	수원, 고양, 용인, 성남, 부천, 안산, 화성, 남양주, 안양, 평택, 의정부, 파주, 시흥, 김포, 광명, 광주, 군포, 이천, 오산, 하남, 양주, 구리, 안성, 포천, 의왕, 여주, 양평, 동두천, 과천, 가평, 연천	
강원	12	1	18	11	**강원도**, 춘천시, 원주시, 태백시, 삼척시, 영월군, 정선군, 철원군, 화천군, 양구군, 인제군, 고성군	강릉시,속초시, 홍천군,횡성군, 평창군, 양양군, 동해시
충북	10		11	10	청주시, 충추시, 제천시, 보은군, 옥천군, 영동군, 증평군, 진천군, 괴산군, 단양군	음성군
충남	13		15	13	공주시, 보령시, 아산시, 서산시, 논산시, 계룡시, 당진시, 금산군, 부여군, 서천군, 청양군, 예산군, 태안군	천안시, 홍성군
전북	12		14	12	군산시, 정읍시, 남원시, 김제시, 완주군, 진안군, 무주군, 장수군, 임실군, 순창군, 고창군, 부안군	익산시, 전주시
전남	22		22	22	목포시, 여수시, 순천시, 나주시, 광양시, 담양군, 곡성군, 구례군, 고흥군, 영암군, 보성군, 화순군, 장흥군, 강진군, 해남군, 무안군, 함평군, 영광군, 장성군, 완도군, 진도군, 신안군	

경북	15		23	15	포항시, 김천시, 안동시, 구미시, 영주시, 영천시, 의성군, 영양군, 영덕군, 청도군, 고령군, 성주군, 칠곡군, 예천군, 봉화군	경주시, 상주시, 문경시, 경산시, 청송군, 울릉군, 군위군, 울진군
경남	16	1	18	15	창원시, 진주시, 김해시, 밀양시, 거제시, 양산시, 의령군, 함안군, 고성군, 남해군, 하동군, 산청군, 함양군, 거창군, 합천군	통영시, 사천시, 창녕군
제주	-	-	-	-	-	제주도

앞에서도 얘기했지만 지역사랑상품권 관련 예산은 2019년 들어서 비약적으로 증액되었다. 정부는 2019년에 지역사랑상품권 2.3조 원에 대해서 발행액의 4%를 지원하는 예산 884억 원을 편성했다(예비비 533억 원+특교 351억 원). 이를 통해 지역사랑상품권이 전국적 규모로 확대될 수 있었다.

기획재정부는 이 발행사업 성격상 자치사무로서 국가예산에 본예산으로 편성하기 곤란하다는 입장이어서 어쩔 수 없이 예비비와 특별교부금으로 편성되었다.

그나마 2020년에는 코로나19 상황으로 인한 지역경제 침체가 심각한 문제로 대두되면서 본예산과 추경예산에 지역화폐 발행에 따르는 지원액이 본격적으로 편성되기 시작했다.

2020년 본예산과 1차 추경예산 지역사랑상품권 예산 현황

구분	발행지원 규모	지원내용	지원액	비고	
본예산	3조 원	발행액의 4%	1,113억 원	국비 721억 원	특교 401억 원
1차 추경	3조 원	발행액의 8%	2,400억 원	할인율 10% 한시 상향 (3월부터 4개월간)	
3차 추경	3조 원	발행액의 8%	2,400억 원	할인율 10% 한시 상향	
	1.9조 원 * 본예산 3조 원에 포함	발행액의 4%	777억 원	본예산 잔여분 지원율 상향 (4→8%)	

위의 표들은 주로 국가 예산으로 지역화폐의 발행을 지원하는 내용을 담고 있다. 결과적으로 이 표에 기록된 예산은 각해당 지역에서 소상공인을 중심으로 사용되었다. 그리고 이런 방식의 지원은 영세 자영업자들에게 큰 희망이 되었다.

필자는 청와대에 근무하면서 바로 이 지원예산을 어떻게 지원하고 확대할 것인가에 대한 고민으로 거의 모든 시간을 보냈다고 해도 과언이 아니다. 비록 누가 알아주는 것은 아닐지라도 이러한 필자의 작은 노력이 위기의 대한민국을 조금이라도 살려내는 데 보탬이 되었다면 그 보람은 작지 않을 것이다.

7

지역화폐와
지역의 대안

이제 우리나라에서는 지역화폐의 효용에 대해서는 그리 큰 반감이 없는 사회적 상황이 되었다. 또한 현실적으로 적은 비용으로 이 정도의 지역경제 활성화 효과를 낼 정책도 달리 없다는 게 필자의 생각이다. 그렇다면 지역화폐와 지역의 대안은 어때야 할까?

필자에게 지역의 리더가 되어 한 지방정부를 맡을 수 있는 기회가 주어진다면 나는 크게 3가지의 정책 방향을 추구할 생각이다.

첫째는 지역의 주민들과 함께 공동체성 향상을 위해 할 수 있는 사업을 진행할 것이다.

그 사업의 핵심은 우선 자원봉사의 활성화와 평생학습의 체계 구축이다. 이미 많은 선진국가의 발전된 도시들은 자원봉사와 평생학습을 도시의 두 기둥으로 삼고 운영되고 있다.

인간의 수명이 급격히 늘어나는 시대에서 65세 이전에 사회, 경제생활을 정리하면 너무 많은 여생이 기다리고 있나. 이 여생을 어떻게 행복하고 건강하며 보람 있게 보내게 할 것인가는 이제 지방정부의 당면 과제가 되었다. 앞으로 우리 사회는 초고령화 사회로 진입할 것이고 베이비 붐 세대인 69년생까지 은퇴를 하게 되는 앞으로의 10년은 이러한 지역사회의 기반을 어떻게 구축할 것인가가 매우 중요한 시기이다. 따라서 우리의 부천이 더 여유로운 도시, 더 평화로운 도시, 공생과 협력, 연대가 피어나도록 만드는데 가장 중요한 자원봉사와 평생학습을 중요한 정책의 방향으로 삼을 것이다.

두 번째는 지역경제의 활성화 문제이다.

이 책을 집필한 가장 큰 이유이기도 한 지역경제 활성화를 위해서는 과거의 생각을 과감히 버리고 더 많은 분야에서 지역화폐가 적용될 수 있도록 해야 한다.

계속 강조하는 말이지만 지역화폐 형식으로 정책지원금을 지급하면 그 돈은 지역 내에서 사용되게 되고 그 재원이 지역의 활력소가 된다. 그 활력소는 지역 전체의 분위기를 끌어올리는 중요한 기제로 작용하게 된다. 지방정부는 정책지원을 하고 그 지원을 받은 사람들이 지역에서 소비를 일으키고 그 소비에 따라 지역경제가 활력을 띠는 것은 전형적인 긍정의 확산이라 할 수 있다. 결과적으로 지역경제 문제는 선순환이 문제이고, 그 선순환의 중심에 지역화폐가 있다는 것이 필자의 생각이다.

세 번째는 시민의 참여다.

우리나라는 시민주도의 사회운영에 대한 경험이 적어서 주로 관료사회가 사회를 이끌어가고 시민들은 그에 따라가는 형식의 행태를 많이 보여 왔다. 그런 사회는 자율과 창의가 살아나기 어렵다. 우리 사회도 이제는 과거의 관행을 과감히 버리고 새로운 시대의 변화를 맞이해야 한다. 그 일의 중심이 바로 시민들의 자발적 참여와 그 참여에 기반한 도시의 운영이다.

그런데 지금까지 참여의 경험이 부족한 우리 사회에서 시민주도의 사회로 나아가는 것은 현실적으로 너무 많은 제약조건이 따르게 마련이다. 그래서 현실적인 대안은 민관거버넌스에 기반한 도시의 운영이 될 수밖에 없다. 서양은 이미 수백 년 전부터 도시 운영의 주인공이 시민이라는 인식과 경험이 쌓였지만 우리 사회는 아직 그런 문화가 부족하다. 시민은 방관자이고 모든 것은 공무원이 이끌어 간다. 이런 시스템을 하루아침에 시민주도형으로 바꾸기는 쉽지 않다. 그래서 거버넌스의 기반을 두텁게 하면서 시민참여의 마당을 넓게 해야 한다. 비록 현실적인 어려움은 있겠지만 그런 노력이 아니고서는 하루아침에 혁신 수준의 변화를 만들어 내는 것은 사실 불가능에 가까운 일이다.

　　이 책을 집필하면서 지역화폐에 대한 생각을 필자 나름대로 정리하는 좋은 계기가 되었다. 이런 정리된 계획을 바탕으로 시민들과 함께 호흡하며 더 좋은 지역사회를 만들어 가기 위해 최선을 다할 것이다.

3장

기본
시리즈를
말한다

0

이재명과
'기본' 시리즈

이 책이 세상에 선보일 즈음 우리나라에서는 대선이 가장 뜨거운 이슈가 되어 있을 것이다. 이미 거대 양당의 후보는 정해졌고, 후보 간 정책 대결은 물론 각종 캠페인으로 가장 큰 소리를 낼 시기일 것이다.

3장에서는 더불어민주당 이재명 후보가 오랫동안 주장하고 있는 기본 시리즈에 대한 설명을 담고자 한다. 이 작은 설명서가 이재명 후보의 정책을 이해하는 데 도움이 되기를 기대한다.

기본시리즈라 하면 이재명 후보가 말하는 기본소득, 기본주택, 기본금융을 말하는 것이다.

대부분의 사람들은 기본소득을 재난지원금과 거의 같은 개념으로 이해하고 있지만 기본소득은 그보다는 훨씬 오래전부터 주장되어 온 정책이라는 점에서 다시 한 번 그 개념과 내용을 정리하고자 한다.

기본주택은 경기도가 애초 시작하려고 했던 임대주택의 한 형식을 말하는데, 이런 임대주택이 왜 필요한지, 어떻게 가능한지를 설명하고자 한다.

마지막으로 기본금융은 우리나라에서 보기 어려운 신용대출의 문제, 소위 마이크로 크레딧Micro Creatdit의 성격과 의미를 포함하여 왜 이 정책이 필요한지에 대해 설명하고자 한다.

일반적으로 기본소득에 대해서는 대충이라도 들어본 사람이 많지만 기본주택과 기본금융에 대해서는 아는 사람이 매우 적어 이러한 작은 해설서라도 참고가 되길 바란다.

기본 소득

많은 사람들이 '이재명' 하면 떠오르는 단어를 '기본소득'이라고 말한다. 필자 역시 그런 이미지가 강하다. 그런데 사실을 명확히 하자면 기본소득이라는 단어는 이재명 후보가 만든 용어가 아니라는 점이다. 그리고 우리나라에서 만든 말도 아니다. 기본소득을 알기 전에 이 사실부터 명확히 해야만 이 주장이 대한민국 안에서만 논의되는 것이 아니라 세계적으로 논의된 것이고 활발한 논쟁이 이뤄지고 있는 것이라는 사실을 알 수 있을 것이다.

일반 사람들에게는 잘 알려져 있지 않지만 BIEN^{Basic Income} Earth Network이라는 국제적인 단체가 있다. 이 단체는 학자들을 중심으로 기본소득 제도를 도입하기 위해 노력하는 사회활동가들의 연합이라고 하는 것이 가장 쉬운 설명일 것이다. 이 단체의 이름에서 이미 기본소득Basic Income이라는 명칭이 쓰이고 있다.

우리가 지금 쓰고 있는 '기본소득'은 그냥 영어 Basic Income을 직역한 단어다. 그러니 이 이름부터 이재명 후보가 만들었다고 생각하시면 곤란하다. 우리는 이러한 사실을 통해 기본소득이 이미 전 세계적인 하나의 주장이 되었음을 간접적으로 알 수 있다. 소득 양극화라는 불평등 문제와 성장하되 고용이 늘지 않는 문제 등을 해소하고 부를 효율적으로 재분배하려는 문제의식과 정책고민이 이미 진행되고 있는 것이다.

16세기에 《유토피아》를 쓴 영국의 토머스 모어는, 당시 영국 사회에 좀도둑이 엄청 늘어나자 시민들에게 빵을 나누어 줌으로써 도둑을 예방하자는 주장을 하기도 했다. 배가 고파 빵을 훔치는 시민들이 늘어나니 이를 경찰로 해결하지 말고 기본적인 빵을 배분하여 해결하자고 생각한 것이다. 이것이 오늘날의 기본소득과 매우 비슷한 형식을 갖고 있다.

하지만 토머스 모어의 이러한 생각을 '기본소득'이라고 직접적으로 말하기는 어렵다. 이와 비슷한 주장은 여러 시대 여러 사람들에 의해 반복되어 주장된 것이다.

그렇다면 왜 기본소득을 주장하는 사람들이 이렇게 나타나게 되었을까?

그 이유는 크게 3가지로 나눠볼 수 있다. 첫째가 양극화의 심화, 둘째가 산업구조의 변화, 세 번째가 현재의 복지제도를 보완할 필요성이라고 할 수 있다.

기본소득이 등장한 첫 번째 이유는 양극화가 점점 심화되어 간다는 점이다.

우리나라는 양극화가 매우 심한 나라이다. 양극화란 말 그대로 돈을 많이 가진 사람은 더 많이 갖게 되고 없는 사람은 더 없어져 둘 사이의 격차가 심화된다는 뜻이다. 우리 사회가 이렇게 되어간다는 것은 별도의 설명이 필요 없을 정도로 상식적인 이야기가 되었다.

우리나라의 양극화는 정치적 민주화 이후 오히려 더욱 심해졌다. 더 구체적으로는 IMF 사태가 구체적인 계기가 되었다. 그 이전까지 우리나라는 일본과 비슷한 평생직장의 개념이 강했고, 비록 전체적으로 저임금의 문제가 있었지만 대기업과 중소기업 간의 임금격차 역시 오늘날처럼 심하지는 않았다.

IMF 사태는 우리 사회에 '비정규직'이라는 쓰라린 이름을 만들어 내기도 하였다. 정규직과 비정규직의 처우의 차이와 임금의 차이는 별도의 설명이 필요 없을 것이다.

사람마다 느끼기에 따라 다르지만 일반적으로 인간은 절대적인 금액보다 상대적 금액에 의해 더 큰 박탈감을 경험한다. 오래전 MBC 다큐멘터리에서 대학생 50명에게 다음과 같은 질문을 던졌다.

"나는 5천만 원을 벌고 남들은 4천만 원을 받는 사회와 나는 7천만 원을 받고 남들은 8천만 원을 받는 두 사회가 있다. 어느 사회에서 살고 싶은가?"

이 물음 앞에 대학생의 84%는 첫 번째 사회를 선택했다. 비록 절대적인 금액은 적더라도 남들보다 더 받는 게 좋다고 느끼는 것이 일반적인 사람의 생각이다. 인간이 끊임없이 비교하는 존재라는 것을 여기에서도 쉽게 느낄 수 있다.

우리 사회가 최근 심각하게 느끼고 있는 사회적 박탈감도 이와 비슷하다. 우리나라의 경제가 발전하면서 절대적 금액으로 우리나라 평균임금은 많이 오른 것이 사실이다. 그런데 남들이 나보다 더 벌기 때문에 지금 받는 임금에 대해 오히려 더 불만을 갖게 되는 것이다.

그런데 이러한 양극화는 비단 '정규직과 비정규직'에 의한 차이만으로 설명하기는 어렵다. 원청기업의 비정규직과 하청기업의 정규직을 비교하면 오히려 원청기업의 비정규직이 임금이 높은 경우가 많다.

결과적으로 우리나라의 임금격차 문제는 단순히 정규직과 비정규직만의 문제가 아니라 원청과 하청 관계를 비롯해서 여러 가지 문제가 복잡하게 얽혀 있다. 그러니 이러한 문제를 푸는 해법도 단순하기 어려운 것이 우리 사회의 문제다.

기본소득은 이론상으로는 모든 구성원들에게 똑같은 금액을 정기적으로 현금을 주되, 자산이나 소득을 따지지 않고 지급에 따르는 별도의 조건을 걸지 않는다는 특징을 가지고 있다.

이러한 주장에 대해 일부에서는 '왜 돈이 많은 부자에게도 똑같이 주는가?'에 대한 문제 제기를 많이 하고 있다. 얼핏 생각하면 가난한 사람에게 더 주는 것이 양극화를 조금이라도 해소하는 방법이라는 것은 삼척동자도 알 만한 일이기 때문이다.

이런 주장은 기본소득의 재원이 어디서 왔는가를 따져봐야 할 문제이다. 만약 기본소득으로 분배할 재원이 그냥 들판에 쌓여 있는 돈이라면 가난한 사람에게 더 주는 것이 양극화 해소에 도움이 된다.

하지만 국가의 재정이란 그런 식으로 들판에 누군가 쌓아 놓은 것이 아니다. 누군가가 세금으로 부담한 돈이다. 여기에서 누가 얼마만큼을 부담하는가를 따져봐야 재정의 구조를 파악할 수 있다.

모든 세금이 그런 것은 아니지만 '근로소득세'의 경우, '우리나라 상위 10%의 사람들이 90%를 부담한다'는 말이 있을 정도로 고소득자 부담율이 크다. 이 표현이 다소 과장되긴 하였지만 그렇다고 전혀 근거 없는 얘기도 아니다.

매년 바뀌기는 하지만 우리나라에서 세전소득 월 200만 원

이하의 사람들은 근로소득세를 전혀 내지 않는다. 매달 세금을 낸다고 생각하지만 사실은 연말정산으로 모두 돌려준다.

월 200만 원 이하의 소득자에게 면세를 하는 것에 대해서는 많은 사람들이 동의한다. 어려운 사람을 돕는 일로 볼 수 있기 때문이다. 그러나 우리 사회를 운영하는 비용인 세금을 너무 많은 사람들에게 면제한다는 것은 공동체의 입장에서 그리 바람직한 것은 아니다. 아주 적은 금액을 내더라도 모든 시민이 함께 부담한다는 것은 근대국가의 성립 이후 모든 정상적인 국가에서 원칙으로 적용된 일이다.

영국의 경우, 이런 근로소득세 비과세자가 10% 미만이고, 일본도 15% 미만이라는 점을 볼 때 우리나라의 40% 이상은 너무 지나친 면이 있다.

또한 당사자들에게도 열패감을 없애고 공동체 유지에 기여한다는 자긍심을 줄 수 있다. '비록 적은 금액이지만 나도 우리 사회의 운영을 위해 세금을 낸다'는 생각은 시민으로서의 자긍심 중에 하나라고 말할 수 있는 것이다. 물론 보완책을 전제로 하는 얘기다.

다른 한편으로, 전체 근로소득자의 40~45%(매년 조금씩 달라짐)가 세금을 부담하지 않으면 고액의 세금을 내는 부담자의 입장에서는 불만의 소리가 나오게 되어 있다. 이런 식의 납세 체계는 당연히 세금에 대한 저항을 불러올 수 있기에 개선할 필요성이 있다.

만약 현재의 근로소득세를 재원으로 하여 모든 국민에게 똑같은 금액을 나눈다고 가정해 보자. 단순히 1년이 아니라 5년, 10년이라고 생각하면 돈을 많이 버는 사람들에게 걷어서 똑같이 나누기 때문에 지속적인 부의 재분배 효과가 나타난다. 원래 세금의 성격이 그런 면이 있다.

이러한 제도가 안정화되기 위해서는 고액의 소득자들에게 자신들이 납부하는 세금에 대한 불만을 줄여주는 게 좋은데, 그게 바로 모든 시민이 같이 내는 세금제도를 확립하는 것이다.

그럼에도 '부자에게도 똑같이 주는 것'에 대해 반감이 있는 사람들이 있다. 똑같이 주는 것과 차등해서 주는 제도를 시행하려면 반드시 '선별'을 해야 하는데 이게 생각보다 쉽지 않은 면이 있다.

세금을 걷을 경우, 노출된 세원에 따라 부과가 쉬운 데다 소득파악이 어렵던 자영업자들도 카드 사용이 일상화되면서 세원 노출 비율이 높아서 사실상 과거와 같은 탈세는 쉬운 일이 아니다. 하지만 배분에 대한 선별은 생각과는 다르다.

사람은 누구나 자신이 살아가는 형편과 환경이 다르다. 비록 비슷한 소득과 자산이 있다 해도 장애인이거나, 자녀가 많이 있다거나, 노부모를 모시고 살거나, 재수하는 학생을 데리고 있거나, 환자가 있거나 해서 매우 다양한 형태로 살아가는 게 일반적이다. 이런 복잡한 문제를 기준으로 더 지급할 사람과 덜 지급할 사람을 알맞게 선별하는 게 말처럼 쉽지 않다는 얘기다.

사실 이것은 매우 현실적인 문제이기도 한데 선별에 소요되는 비용을 줄이면 오히려 더 많이 지급할 수도 있다. 어차피 걷는 데서 차별을 두었는데, 주는 데까지 이런 방식을 적용하면 당연히 많이 부담한 사람들은 불만을 더 가질 수밖에 없다. 그런 면에서 '선별지급'보다는 '모두에게 똑같이' 지급하는 것이 정책적으로 더 빠르고 효과가 높다고 볼 수 있다.

결과적으로 기본소득은 양극화를 완화하는 데 도움이 될 수 있다. 만약 현재 제안 수준인 토지배당제도까지 도입될 수 있다면 획기적인 혁신 정책으로 자리잡을 수 있다.

토지배당제도는 매우 단순하다. 땅을 가진 모든 사람이 일정 비율의 토지이익을 국가에 내고 그 돈을 다른 데 쓰지 않고 모든 국민에게 나누는 것이다. 이런 설계가 가능할 경우, 시골에서 농사짓는 땅은 5만 원을 내고 50만 원을 받게 되지만 토지가격이 폭등한 지역에서는 500만 원을 내고 50만 원을 받게 된다. 결과적으로 땅 가격 상승의 수익을 모든 시민들에게 골고루 나누는 효과를 볼 수 있다.

임금격차만이 우리나라의 양극화 원인은 아니다. 2019년 신한은행 자료에 따르면 우리나라 가계의 자산 중 75% 가량이 부동산 자산이다. 다른 나라에 비해 부동산 비율이 너무 높은 편이다.

우리나라 가계가 이런 식의 부동산 중심의 자산을 형성한 이유는 지난 40여 년간 부동산이 가장 큰 재산증식의 수단이었기 때문이고, 이 기대치는 지금도 식지 않고 있는 게 현실이다. 따라서 토지수익배당제도가 도입될 수만 있다면 우리나라 양극화 문제를 완화하는 데 큰 도움이 될 수 있을 것이다.

이재명 후보가, '기본소득형 국토보유세'를 '토지수익배당제도'라고 이름을 고친 이유는 기존의 보수 언론이 '국토보유세'를 '증세의 상징'처럼 지속적으로 공격했기 때문이다.

어느 나라도 '증세'를 반기는 사회는 없다. 얼마나 합리적 증세안을 내서 설득하는가의 문제일 뿐이다. 그런데 애초 이재명 후보가 주장했던 국토보유세는 증세의 수단이라기보다는 '기본소득'의 재원으로만 쓴다는 뜻이었는데, 자꾸 이 부분에 대한 공격이 계속 되니 대선 선거과정에서 이 용어를 과감히 고친 것이다.

이 부분에 대해 이재명 후보는 어느 언론사와의 인터뷰에서 다음과 같은 취지의 발언을 하기도 했다.

"보수언론이 자꾸 공격을 하고 있고, 애초 취지 자체가 증세가 아닌 모든 국민들에게 토지수익을 배당하고자 하는 뜻이니 용어를 바꾼 것이다."

기본소득이 등장한 두 번째 이유는 산업의 변화가 너무 빠르게 진행되는 문제에 대응하기 위해서다.

많은 사람들이 '이재명' 하면 '기본소득'이라는 단어를 떠올리지만, 기본소득은 세계적으로 논의되고 논쟁도 이뤄지는 개념이다.

이것을 4차 산업혁명이라 부르는데, 지금까지 1, 2, 3차에 걸쳐 진행된 산업혁명 과정에서도 인간의 노동을 기계가 대응하면서 인간의 노동소외가 지속적으로 제기되어 왔다. 그럼에도 인간은 노동시간 감축을 통해 산업변화에 대응하면서 적응해 왔다. 그렇다면 이번 4차 산업혁명 역시도 이러한 방식으로 피해나갈 수는 없을까?

근본적으로 1차 산업혁명인 증기기관의 발명, 2차 전기발명으로 인한 컨베이어 벨트의 발명, 3차 컴퓨터의 발전이라는 모든 산업혁명 과정에서도 인간은 그에 따른 변화에 능동적으로 대응해온 것이 맞다. 하지만 이번 4차 산업혁명은 인간의 노동에 그치지 않고 판단까지도 로봇이 대응한다는 데 그 문제의 심각성이 크다.

현재 우리 사회도 AI로 대변되는 변호사 영역, 의사영역 등이 서서히 새롭게 등장하고 있다. 올해부터 서울시를 중심으로 무인 대중교통차량이 도입될 것이고, 서울시는 청소차 등 공공업무용 차량에 무인차량을 도입하겠다고 밝히고 있다. 이미 대구시에서는 한 산업단지 내부의 셔틀버스가 무인버스로 대체되었다. 현재의 속도라면 5년 안에 장거리 야간 버스의 운행도 사람 대신 AI가 감당하게 될 것이다.

이러한 기술적 변화의 속도는 우리가 쉽게 상상하기 어려울 지경인데 앞으로 10년이면 버스, 택시 기사의 일자리는 모두 사라질 것이라는 것이 전문가들의 공통된 견해다. 기술발전에 따른 인간의 노동소외가 운전 분야에서만 나타나지는 않을 것이다.

로봇 개발과 관련한 기술자들 사이에서 유행하는 농담이 있다. "앞으로 10년 안에 모든 공장에는 사람 한 명과 개 한 마리만 필요하게 될 것이다."라는 말이다. 모든 일을 기계가 하니 사람은 이제 필요 없게 된다. 대신 오로지 기계가 오류를 일으키지 않는가만 보면 되는 사람 한 명과 그 사람이 졸지 않도록 놀아주는 개 한 마리가 필요하다는 뜻이다. 이런 변화가 얼마나 심각한지를 단적으로 보여주는 블랙유머라고 하겠다.

여기에서 더 심각한 것은 일자리의 소외로 인한 급여의 소외이다. 인간은 누구나 일을 해서 그 소득으로 먹고 산다. 그냥 먹고 사는 것만이 아니라 그 소득을 통해 소비를 한다. 소비를 한다는 것은 누군가가 만든 물건을 산다는 뜻이다.

그런데 인간이 노동에서 소외되면 월급이 끊길 것이고 월급이 끊긴 인간이 무슨 돈으로 소비를 하느냐의 문제가 생기게 된다. 아무리 뛰어난 로봇이 좋은 물건을 만든다 해도 누군가는 소비를 해야 하는데, 그 소비를 해야 할 일반 사람들이 월급이 없다면? 이것이 바로 기본소득이 산업 변화에 대응하는 가장 핵심적인 문제다.

우스갯소리 같지만 어쩌면 우리 인간은 멀지 않은 시간 안에 '오로지 소비를 위해 살아가는 존재'로 전락할지도 모른다. 소비를 하지 않는다는 것은 생산의 중단을 말하고 생산과 소비가 중단되는 사회는 살아남기 어려운 사회가 될 것이다. 이런 이유 때문에 일부 경제학자들이 오로지 보조금(예를 들면 기본소득과 같은)을 받아 소비를 하는 것이 인간의 유일한 존재 이유라는 다소 섬뜩한 이야기를 하는 것이다.

기본소득이 등장한 세 번째 이유는 사회복지 체계의 보완이 필요하다는 점이다.

일반 사람들은 사회복지 문제를 말하면 거의 대부분 가난하고 어려운 사람을 위해 국가가 세금을 통해 지원금을 주고 치료해주고 교육해주는 분야만을 생각한다. 일반적으로는 틀린 말이 아니다. 하지만 국가적 관점에서 보면, 사회복지는 극빈자만을 위한 제도가 아니다. 사실 따지고 보면 우리 사회의 구성원 모두는 우리 사회가 공동으로 설계한 사회복지의 혜택을 받고 있다.

예를 들어 어떤 사람이 월 20만 원의 건강보험료를 낸다고 가정해 보자. 1년이면 240만 원의 건강보험료를 낸다. 하지만 정작 그 사람은 1년에 병원에 서너 번 가는 게 고작이다. 그럼 나머지 돈은 누가 쓰는 걸까?

아픈 사람들이다. 보다 정확히 말하면, 나와 동시대를 살아가면서 나보다 나이가 많고 소득이 적은 사람들이 그 혜택을 보게 된다. 그렇다고 내가 오로지 부담만 하는 것은 아니다. 내가 어쩌다 큰 병에 걸리면 건강보험은 나에게 1천만 원짜리 치료를 50만 원만 받고 해주는 경우도 있다.

만약 월 5만 원~10만 원 사이의 건강보험료를 내는 사람인 경우에는, 자신의 가족, 부모 등을 생각하면 전체 보험료보다 혜택이 더 많을 것이다. 본인은 젊어서 건강하겠지만 아이와 노인의 경우는 다르다.

일상에서도 그런 경우가 많은데 월 10만 원을 내는 사람이 자신의 부모가 암에 걸려 치료를 받는 동안 적게는 몇 백만 원에서 많게는 수천만 원의 혜택을 보기도 한다. 이렇듯 사회복지는 가난하고 힘든 사람들에게만 해당되는 것이 아니라 사회 구성원의 80% 이상이 혜택을 받는 것이다.

이러한 방식의 복지제도는 비단 우리나라에만 있는 것이 아니다. 건강보험과 같은 사회보험을 가진 거의 모든 나라들이, 가난하고 어려운 사람들에게는 공적 부조의 방식으로, 일반 사람들은 사회보험 형식으로 복지의 혜택을 제공한다.

그런데 4차 산업혁명의 경우에는 인간이 일자리를 잃게 되는 결과를 낳을 수도 있다고 했다. 만약 일자리를 잃게 되면 월급도 못 받게 되지만 사회보험료의 안정적인 납부방식이 흔들릴 수 있다.

직장가입자라면 다 아는 사실이지만 우리나라는 직장 가입자가 건강보험료를 미납할 수가 없다. 내가 받을 월급에서 우선적으로 가져가기 때문이다. 하지만 이 직장가입자가 지역가입자로 바뀌면 내 통장에 잔액이 없으면 미납상태가 된다. 물론 나중에 여러 가지 추징방법을 이용해 추징하기도 하겠지만 보험의 재정 안정성에는 상당한 문제가 야기될 수 있다.

만약 일자리를 잃는 사람의 숫자가 100만 명을 넘어 200만 명이 된다고 가정해 보자. 우리나라 건강보험이 얼마나 버틸 수 있을지 쉽게 예측하기 어렵다. 건강보험이 흔들리면 이는 곧바로 장기요양보험의 문제로 나타난다. 만약 그런 불행한 사태가 온다면 이 책을 읽는 분들 중 20% 가까이는 부모나 가족을 위해 직장을 그만두고 간병을 하러 집으로 돌아가야 한다. 그게 냉정한 현실이다.

이러한 사회복지 문제가 야기되는 근본 이유는 우리나라 사회보험의 설계가 일자리 중심으로 되어 있기 때문이다. 그 당시는 우리가 비약적인 발전을 하는 시기였고, 일자리가 늘어나기만 했지 줄어들 것이라고는 상상도 하지 못하던 시절에 제도를 설계했기 때문이다.

하지만 기술발전에 의한 일자리 감소는 이제 눈앞에 닥친 위험이 되었다. 곧바로 이를 보강할 수 있는 사회적 합의가 있어야 한다. 그런 면에서 기본소득은 바로 이러한 사회복지 체계의 급격한 붕괴를 상당 부분 연착륙으로 막아줄 수 있다는 점에서 그 의미가 크다고 할 것이다.

여기에서 기본소득의 모델을 통해 기본 원리를 설명해 보자.

구분	저소득	중소득	고소득	계
소득	0	200	800	1000
보조금	30	0	0	30
세금	0	6	24	30

세율	0%	3%	3%	3%
순수혜	+30	-6	-24	0

위의 표는 현재 우리나라가 하고 있는 기존의 복지모델이다. 우선 저소득자의 수입은 0원이다. 이러면 저소득자는 국가가 지원하지 않으면 굶어 죽게 된다. 그래서 30만 원의 보조금을 지원한다. 그리고 중소득자와 고소득자에게는 지원이 없다. 대신 중, 고 소득자는 세금을 납부해야 한다. 각각 6만 원과 24만 원을 내서 30만 원의 보조금을 만들어 이것을 저소득자에게 준다. 이것이 현재 우리가 하고 있는 시스템이고 일반적으로 가장 평범한 제도이다.

구분	저소득	중소득	고소득	계
소득	0	200	800	1000
보조금	30	30	30	90
세금	0	36	54	90
세율	0%	18%	6.75%	
순수혜	+30	-6	-24	0

위의 표는 저, 중, 고소득자 모두에게 30만 원의 보조금을 똑같이 주는 사례다. 세 사람에게 모두 똑같이 보조금을 주기 위해서는 당연히 90만 원의 재원이 필요하다. 이 90만 원은 중소득

자가 36만 원을 지원하고 고소득자가 54만 원을 지원해서 마련한다. 이런 경우, 맨 아래에 보이는 순수혜는 위의 모델과 같다. 사실은 설계를 어떻게 하느냐에 따라 모두에게 주고도 똑같은 부담을 할 수 있다. 문제는 제도를 어떻게 설계하는가의 문제이다.

그런데 이 모델은 현실에서는 정책으로 쓰기 힘들다. 왜냐하면 중소득자가 18%를 부담하고 고소득자가 6.75%를 부담하는 세금이란 존재하기 어렵다. 당연히 중소득자들이 반발하기 때문이다.

구분	저소득	중소득	고소득	계
소득	0	200	800	1000
보조금	30	30	30	90
세금	0	18	72	90
세율	0%	9%	9%	9%
순수혜	+30	+12	-42	0

위의 표는 저, 중, 고소득자 모두에게 보조금을 지급하면서 9%의 비례세로 설계한 것이다. 이런 제도가 도입될 경우 모두에게 똑같이 30만 원의 보조금 지급이 가능하면서 동시에 중소득자도 -6만 원에서 +12만 원의 수혜를 받는다는 장점이 있다. 당연히 고소득자는 그만큼을 더 내야 한다.

모든 제도가 그렇지만 어떻게 설계하느냐에 따라 제도는 달라지고 수혜자의 금액과 범위, 비율을 조절할 수 있다. 이것이 우리나라에서 주장하고 있는 기본소득의 기본모델이라고 생각하면 쉽다.

기본소득 제도를 대함에 있어서 가장 중요한 것은 이 재원을 어떻게 마련하느냐에 달려 있다. 어느 누구도 더 많은 세금을 내는 것에 거부감이 있기 마련이다. 그래서 기본소득에 사용되는 재원은 일반 재원이 아닌 가급적 다른 재원을 사용하는 것이 더 현실 가능성이 높을 것이다.

여기에 대해서 데이터세를 비롯한 다양한 의견들이 있다. 하지만 이러한 막대한 재원을 만드는 현실적인 방안은 지속적으로 양극화를 만들어내는 부동산 자산에 대한 세금이 가장 유력하다고 하는 것이다.

또 하나는 모든 이에게 공통으로 나누어줌으로써 이 제도의 도입에 대한 반발을 줄이는 것이다. 부자는 받지 못하면서 계속 부담만 하라고 주장하는 것보다 우리 사회 공유부에서 나오는 재원을 모두가 똑같이 나누자고 주장하는 것이 기본소득 재원의 기본적인 인식이다.

기본주택

기본주택이 이재명 후보의 본격적인 공약으로 등장하게 된 배경은 뭐니 뭐니 해도 수도권의 인구집중이 그 원인이다. 사실 우리나라의 주택보급률은 이미 100%를 넘었지만 수도권의 주택 수요는 쉽게 줄어들지 않고 있다.

이는 새롭고 깨끗한 주거환경에서 살고 싶은 욕구가 지속적으로 발생하는 데다 그런 기대에 부응하는 주거 공급이 부족하기 때문이다. 여기에 주거형 부동산이 곧 돈이 된다는 경험적 믿음이 너무 강해서 시장을 지속적으로 왜곡하는 문제가 있다.

또한 1인 주거의 증가도 중요한 원인으로 분석된다. 주민등록상의 주소는 부모와 같이 되어 있지만 이런 저런 이유로 별도의 독립생활을 하는 청년들이 지속적으로 늘어나서 현재 1인 가구의 주거문제는 매우 심각한 상황이다. 이런 복잡한 문제들이 얽히고설켜서 우리나라의 주택문제는 정권의 안위를 위협하는 매우 심각한 문제가 되고 있다.

이재명 후보가 '기본주택'이라는 아이디어를 낸 배경은, 지나치게 가격이 상승하는 민간의 주택임대시장, 분양시장에서 일부라도 임대주택을 통해 숨통을 틔우자는 생각이다.

신규분양이 100채가 되고 임대 가능한 주택이 100채가 있다고 가정해 보자. 그런데 분양시장과 임대시장의 수요가 각각 150명이라면 당연히 주택시장 전체의 가격은 상승하게 되어 있다.

이때 만약 공공에서 '무주택자라면 누구나 입주 가능한 괜찮은 조건의 임대주택'을 50채 공급한다고 생각해 보자. 민간시장의 가격은 당연히 내려가는 게 시장의 원리다.

이재명 후보의 이 기본주택 공약을 '모든 분양 희망자들을

수원시 광교에 있는 경기도 기본주택 홍보관

강제로 임대주택에서 살게 하려 한다'는 식으로 오해하는 분들이 많다. 그렇지도 않거니와 그럴 수도 없다. 대한민국에서 거주 이전의 자유를 제한하는 것은 헌법상 불가능하다.

이재명 후보의 생각을 쉽게 정리하면, 국가 또는 공공이 제공하는 임대주택에 군이 자격제한을 둘 필요가 없다는 것이다. 기존의 공공임대는 영구임대, 국민임대, 행복주택 등등 너무 많은 종류와 자격조건이 까다로워서 임대를 들어가고 싶은 사람도 그 자격 때문에 들어가지 못하는 경우가 많다는 점에 착안한 것이다.

어떤 이들은 '누가 임대에 들어가려고 하겠느냐'라고 하는 염려를 하기도 한다. 우리나라 사람들이 임대를 선호하지 않는 것은 이미 다 아는 일이다. 하지만 피치 못할 사정으로 남의 집에 살아야 하는 사람들이 아예 없는 것은 아니다. 최소한 수도권의 40%의 가구는 원하든 원하지 않든 이미 남의 집에서 살고 있다. 기왕에 남의 집에서 살고 있는데 자신의 필요에 따라 좋은 조건의 임대아파트를 선택할 수 있는 기회를 주자는 것이 이 기본주택의 핵심 내용이다.

경기도의 조사결과에 따르면 경기도 전체로 보아 남의 집에서 사는 사람이 44%의 가구인데, 이 중에서 공공임대의 혜택을 보는 사람은 7%에 불과하다는 것이다. 그러면 나머지 36%는 어쨌든 민간시장에서 임대경쟁을 해야 하는데 이 점을 완화시켜 주자는 취지이다.

워낙 어려운 사람들은 어차피 기존의 영구임대 같은 제도가 커버하고 있으므로 무주택자들을 위한 조건이 좋은 임대를 지어서 공급하면 민간시장의 과열을 막을 수 있고, 그러면 시장의 가격이 안정되므로 전체적으로 국민들에게 이롭다는 생각이다.

만약 이재명 후보의 공약대로 100만 호 정도의 공공임대를 공급하고 자격조건도 풀고 임대료도 민간 시장에 비해 적정하다면 주택시장의 가격안정에 충분히 기여하게 될 것이다. 이 공약은 서구 선진국에 비해 너무 모자라는 공공임대의 숫자를 늘리는 데도 크게 기여할 것이다.

기본주택의 발상은 국가가 기본적인 주거는 최소한의 조건으로라도 제공해 주는 게 답이라는 이재명 후보의 철학에서 나왔다. 이 지점에 대해 다시 한 번 생각해야 한다. 모든 주택시장의 문제를 분양시장에만 초점을 맞추면 현실적으로 주택시장 문제를 해결하기는 더 어려워질 것이기 때문이다.

3

기본금융

기본시리즈 중에서 사람들이 가장 낯설어 하는 것이 바로 기본금융이다. 기본금융 공약은 '국가가 마이크로 크레딧Micro Creadit 사업을 공공 차원에서 하자'는 말이다. 여기에서 마이크로 크레딧이라는 단어가 낯선 분들이 많을 것이다. 마이크로 크레딧은 흔히 소액대출이라는 말로 번역되는데, 1976년 방글라데시의 그라민은행에서 그 기원을 찾을 수 있다.

방글라데시는 세계에서 가장 가난한 나라에 속한다. 그 방글라데시에서 그라민은행이라는 서민을 위한 은행이 등장했다.

2006년 노벨평화상을 수상한 그라민은행 창립자 유누스. 가난한 사람들을 위해서 생각의 틀을 깬 인물이다.

참고로 '그라민'이라는 말은 '마을'이라는 뜻이다. 우리로 말하면 '새마을금고' 정도라고 생각하면 될 것이다.

그 그라민은행이 기존의 은행에서 대출을 받지 못하던 신용등급이 아주 낮은 사람들에게 대출을 해주기 시작했다. 물론 대출에는 몇 가지의 조건이 있었는데, 지속적으로 그라민은행을 거래해야 하고 작은 돈이라도 저축을 해야 했다.

우리 돈으로 하루에 100원이라도 꾸준하게 저축을 한 사람들에게 그라민은행은 대출을 해줬는데, 거의 대부분이 우리 돈으로 100만 원 가량의 소액대출이었다. 있는 사람들에게 100만 원은 대출의 대상이 아니지만 없는 사람들의 입장에서는 100만 원도 빌릴 곳이 없는 것이다.

이 책을 읽는 독자들께서도 한번 판단해 보시라. 여러분 중 신용카드 대출이나 담보 대출이 아닌 오로지 신용에 의한 대출로 얼마나 대출이 가능하신가?

솔직히 사회적으로 부러워하는 공공분야, 대기업, 중견기업, 전문직이 아니고 1천만 원을 신용으로 빌리는 것도 쉽지 않다.

우리나라도 신용등급 5등급 이하는 은행에 가서 100만 원도 빌리지 못하는 게 엄연한 현실이다. 그런데 갑자기 부모가 아프다고 생각해 보자. 어떻게 할 것인가?

바로 이런 문제 때문에 수많은 사람들이 사설 고리대금업체에 갔다가 엄청난 고통을 겪고 있다. 심지어 불법 대출업체는 이자율이 1년에 500%, 1000%가 보통인 경우가 허다하다. 하지만 돈을 빌릴 길이 없는 사람들은 고율의 이자를 물고서라도 돈을 빌려야 할 절박한 이유가 있는 것이다.

그런 이유로 300만 원을 빌렸다가 이자가 이자를 낳아 5천만 원이 되어 신체포기 각서를 썼다는 얘기가 영화 속의 얘기만은 아니다. 이런 사람들을 위해 국가가 정책금융을 통해 구제해주자는 것이다. 구체적으로 이재명 후보가 제시한 기본금융의 내용은 최대 1천만 원을 최장 20년까지 은행보다 조금 비싼 이자로 빌려주는 제도를 도입하자는 것이다.

이런 얘기를 하면 보통 '안 갚고 떼어먹으면 어떻게 하느냐?'는 반문이 돌아온다. 채무를 불이행하면 기존의 채무 불이행에 따르는 조치를 하면 된다. 지금까지도 그렇게 해왔고 앞으로도 그럴 것이다. 그런데 놀랍게도 이런 소액대출의 회수율이

95%에 이른다.

이런 소액대출 사업은 이미 여러 차례 사회운동 차원에서 시도된 바 있다. 실제 서울에서 벌인 소액대출은 99% 회수라는 놀라운 결과를 가져왔다. 우리가 흔히 생각하는 저신용자는 은행의 기준에서 그런 것이지 실제로는 충분히 갚을 의사들이 있다는 얘기다.

여기에서 우리가 관심 있게 봐야 할 내용이 있다. 소액대출 사업의 과정이다. 이런 사회운동적 성격의 소액대출 사업은 대출 신청만 하면 그냥 대출해주는 제도가 아니다. 우선 아주 작은 돈이라도 지속적인 거래실적이 있어야 한다. 하루에 500원도 좋고 1,000원도 좋다. 꾸준히 거래해서 작은 금액이라도 저축의 개념을 쌓아준다.

어느 정도 거래실적이 쌓이면 30만 원 정도를 신용으로 대출해 준다. 그리고 그걸 다 갚으면 다시 일상의 저축거래가 이어지고, 그러다가 필요한 경우에 100만 원까지 대출을 해준 것이다. 사람은 저축을 통해 자신의 생활 패턴을 바꾸거나 마음의 자세를 고쳐먹는 경우가 많다. 인간은 돈을 저축하는 데에서 오는 기쁨을 아는 존재이다. 그런 과정을 거치기에 99%라는 놀라운 회수율을 보여준 것이다.

하지만 공공에서 진행하는 소액대출 사업을 그렇게 하기는 어려울 것이다. 적어도 1천만 원 정도를 은행보다 약간 비싼 이자를 내고 빌릴 사람은 사회적으로 어려운 사람이다. 고소득층이나 중산층이 이 상품에 대출을 신청할 가능성은 거의 없다. 이미 기존에 자기가 거래하던 은행에서 대출을 받으면 되기 때문이다.

하지만 저신용자들은 급한 돈이 필요해도 당장 어디서도 빌릴 곳이 없다. 이 책의 독자 중에는 그런 사람이 없기를 바라지만 돈 300만 원이 급히 필요한데 빌려달라고 전화할 사람이 한 명도 떠오르지 않을 때, 우리 사회가 공적 제도로 손을 잡아주는 일이 나쁜 일일까? 나는 그렇게 생각하지 않는다.

우리나라가 다른 나라에 비해 이런 저신용자 대출이 없는 이유는 기존의 금융기관이 공적 업무를 사실상 내던진 측면이 크다. 우리나라는 대표적인 담보대출의 나라이다. 담보가 없으면 대출이 절대 불가능한 것이 당연한 상식이 되어 있는 나라다. 하지만 서구 선진국은 신용대출을 기본으로 한다. 개인의 신용평가에 대한 기술이 축적되어 있기 때문이다. 이러한 기본 금융은 실제 코로나와 같은 단기적 어려움에 봉착한 사람들에게도 비록 단기간이지만 삶의 회생의 길을 열어주는 도구가 되기도 할 것이다.

지금까지 살펴본 바와 같이 기본시리즈는 이재명 후보가 성남시장과 경기도지사를 지내면서 현장에서 느낀 문제를 제도적으로 풀어나가겠다는 의지가 반영된 정책이다.

아직까지는 모든 기본 시리즈를 '포퓰리즘'이라는 말로 공격하는 것도 어쩌면 우리 사회의 한계이자 솔직한 민낯일 수 있다.

특히 기본소득의 경우, 그 재원이 막대하다는 점에서 사회적 합의 없이 시작하기란 쉽지 않은 문제이다. 이런 문제에 대해 '세상 어디에도 없는 제도'라는 비판을 가하는 사람들이 있다. 그러나 이제 대한민국은 다른 어떤 나라가 하지 않더라도 먼저 해볼 수 있는 나라의 위치가 되었다.

독자 중에서는 미국으로 이민을 떠난 우리 동포들이 질병 치료나 수술을 위해 일시 귀국한다는 말을 들어봤을 것이다. 미국의 의료비가 너무 비싸니 한국으로 들어와서 치료를 받는 게 비행기표 값을 계산해도 훨씬 싸기 때문이다.

우리는 어떻게 이런 훌륭한 건강보험 제도를 만들게 되었을까? 왜 이런 제도에 대해서는 '미국은 물론 세상 어디서도 안 하는 제도를 하느냐?'며 비판하지 않는가? 우리 대한민국은 미국도 못한 전 국민 의료보험을 지난 30년째 하고 있는 나라이고, 그 시스템이 비록 100점은 아니라 할지라도 미국으로 이민 간 동포들이 다시 돌아와 치료를 받을 만큼 실력도 우수한 나라가 되었다.

우리가 지금 기본시리즈를 도입한다면 지금으로 부터 20년 후, 많은 나라들이 '한국은 어떻게 저런 훌륭한 제도를 성공시켰나?'라고 하는 부러움의 대상이 될 수도 있다. 남이 하지 않으니 우리도 하지 말자는 것은 기본시리즈만이 아니라 건강보험에도 똑같이 적용되어야 할 문제다.

이번 제20대 대통령 선거 과정에서 이 기본시리즈가 얼마나 논쟁이 될지는 예측하기 어렵다. 하지만 이번 대선이 미래의 대한민국을 위해 나아가기 위한 선택이라면 기본시리즈 정도는 우리 부천 시민 모두가 기본적인 상식으로 이해해야 하지 않을까.

자영업의 애환, 노포의 비밀

노포老舗라는 단어가 요즘 화제다. 노포란 '오랜 세월 운영해 온 점포'를 뜻한다. 그냥 간단하게 표현하면 '오래된 가게'로, 일본 말 시니세老舗, しにせ를 그대로 가져왔다. 일본은 노포가 많은 것으로 유명하다. 야마나시현의 게이운칸 료칸은 705년에 설립되어 현재에 이르고 있으니 무려 1,300년이 넘는 세월을 이어온 셈이다. 세계 최장수 점포로 기네스북에 등재되기도 했다.

맛칼럼리스트 황교익은 노포라는 표현을 두고 점포에 인격을 부여한 셈이라고 했다. 손님들과 함께 나이 들어가는 점포라는 설명이다. 많은 이들의 갈망에도 부천 역시 노포는 드물다. 그 이유가 무얼까. 요리사 박찬일은 발로 뛰며 직접 노포의 영업비밀을 책에 적었다. 내가 받은 느낌을 한마디로 정리하면 이렇다.

가게 주인 모두는 당장의 잇속에 어두워 얄팍한 장사를 하지 않는 진정한 시대의 장인들이었다.

그렇다면 우리나라에 노포가 적은 이유가 부족한 장인정신 때문인가? 난 아니라고 본다. 성실과 정직, 우직함에 기반한 장인정신은 노포의 필요조건에 불과하다. 모두들 다음과 같은 분석에 동의할 것이다

"음식배달 서비스 회사에서 한국의 오래된 맛집 비결을 연구하는 프로젝트를 진행했으나 그 결과를 발표하지 못했다. 오래된 맛집의 비밀은 자가自家 점포였기 때문이다. 자기 점포가 아니면 거의 대부분의 맛집들이 장사를 이어가지 못했던 것이다."

박터웅 지음, 《눈 떠보니 선진국》에서 인용

결국 노포는 한 곳에서 오래토록 쫓겨나지 않을 조건이 더해져 탄생한다. 예를 들어 장인정신으로 무장하더라도 휘몰아치는 젠트리피케이션gentrification 광풍 앞에서는 모두가 스러진다.

지역화폐는 초기에 특정 단체나 동질성을 지닌 작은 공동체가 주도했지만 정착에 대체로 실패했다. 이후 광역정부, 기초지

방정부의 재정이 투입되면서 지역화폐가 주는 인센티브 매력을 느낀 시민들의 열광적 수용으로 정착, 성장하기 시작했다. 코로나 19 재난이라는 특수한 상황도 그 역할을 했다. 놀라운 진전이지만 최종 정착까지는 더 나아가야 한다.

현재의 지역화폐에 추가 기능을 더한, 특정 상권 안에서 개성 있는 인센티브를 부여하는 소단위 지역화폐의 통용을 상상해 본다. 예를 들자면 부천의 경우 심곡천 권역, 중동 권역, 소사 남부권역, 오정 고리울 권역 등 그곳에 맞게 상인들이 기획한 이벤트와 인센티브를 결합시킬 수 있다.

또한 동일 상권 안에서 포인트를 공동 관리하는 방식 등 진화된 지역화폐가 탄생할 수 있도록 부천시의 정책지원이 필요하다. 상인들과 함께 연구하고 고민할 수 있도록 상설 협의체를 구성하는 것도 하나의 방법이 될 것이다.

노포 탄생을 위해서는 임대료 폭등을 막을 제도장치의 정비가 먼저 선행되어야 한다. 동시에 상권별 특성에 맞는 육성 방안과 대안 마련도 필요하다. 이제 부천시 정도의 도시 규모라면 지역을 대표하는 노포 몇 군데 정도는 탄생해야 할 때가 아닌가? 문화는 먹고 쉬고 즐길 수 있는, 늘 그 자리에서 나를 기다려주는 공간을 필요로 한다.

故 박원순 시장의 말씀을 인용해 본다.

"많은 이들이 본받아야 할 위대한 장사 내공이 숨어 있기에, 나는 이 가게들이 더 오래가기를, 더 늙어가기를 간절히 바란다."

명륜동, 내 청춘이 머문 자리

누구나 펼치면 쏟아지는 수많은 사연을 담고 살아간다. 나 역시 쉼없이 오르내리며 상처를 입었고, 마음과 얼굴에 흔적이 켜켜이 쌓여 지금의 내가 됐다. 여정은 복잡했지만, 발 딛고 살아온 공간은 단순했다. '명륜동'과 '부천', 이것이 내가 살아온 공간의 전부다.

선친의 고향은 강원도 철원이지만 난 서울 성북동에서 태어났다. 흔히 상상하는 부자동네와는 상관 없는 그 길 건너편 가난이 흐르는 동네였다. 그나마 선친의 사업 실패로 동숭동, 하월곡동을 전전하다 초등학교 6학년 때 명륜동에 안착했다.

인근 소재 초·중·고를 다녔고 대학마저 그 곳을 벗어나지 않았다. 대학 재학 시절 학생운동으로 구속되어 1년 6개월 선고로 수형생활을 하기 전까지 명륜동은 내게 생장과 성장의 자궁이었고, 나의 모든 것이기도 했다. 추억이 담긴 공간은 물론 사회의식과 감성, 상상력의 근원지가 이곳이라는 뜻이다. 1987년 말부터 지금까지 살고 있는 부천은 명륜동 시절 완성된 삶의 방향성을 크게 벗어나지 않았다.

내가 다닌 혜화초등학교, 동성중학교, 보성고등학교, 성균관대학교는 모두 반경 500m 이내에 자리하고 있었다. 그 중심에 혜화동 로터리가 있다. 나처럼 버스 한 번 타지 않고 걸어만 다녀서 초등학교부터 대학교까지 졸업한 사람은 많지 않을 것이다.

오래전 사라진 혜화동 분수는 로터리와 한 쌍을 이루는 랜드마크였다. 혜화동은 종로구의 끝자락이자 성북구에서 서울의 중심으로 들어오는 길목이다. 주택가이면서도 학교시설이 밀집된 곳이고, 적절히 상가가 발달한 곳이기도 하다. 대학로라는 명칭의 유래가 된 옛 서울대학교 문리대학의 흔적과 지금은 아파트로 바뀌어 흔적조차 사라진 고려대학교 의과대학 부속병원도 있었다. 화려함이나 번잡함과는 동떨어진 곳, 하지만 1960~70년대 빈곤과 누추함은 찾을 수 없는 동네다.

로터리 분수가 내뿜는 물을 바라보는 것으로 더위를 잊고 원형의 인도를 따라 플라타너스 넓은 잎이 떨어지기를 십 몇 년 동안 반복하는 똑같은 풍경에도, 점차 다른 의미가 내 안에 채워지기 시작했다.

1980년 입학한 고등학교는 꽤나 오랜 전통을 지녔다. 교무실과 마주한 작은 둔덕, 천년바위는 종종 내가 쉼터로 애용하던 곳이었다. 그곳에는 우암 송시열의 글씨가 새겨진 바위가 있었다. 당시로서는 송시열에 대한 역사적 평가를 할 협량한 지식조차 없었지만 역사 속에만 있던 조선시대 흔적이 교내에 있다는 사실만으로도 흥미롭고 그래서 자랑스러웠다.

반면 열악한 학교 재정은 흠이었다. 조개탄 난로는 최신 난방시설 스팀이 들어오는 신설 학교와 극명하게 대비됐다. 학교 연혁에는 한국전쟁 당시 미군 작전 지휘본부로 사용한 기록이 있다. 그래서였을까, 조개탄 난로 뚜껑 뒷면에 '1952. US ARMY'라는 글씨가 선명했다. 이럴 수도 있는가 싶은 생각이 들었던 40여 년 전 기억이 아직도 생생하다.

최근 넷플릭스 드라마를 보면서 그때 기억이 다시 떠올랐다. 드라마 〈DP〉. 새로움을 받아들이지 못하는 군 내부의 낡은 병영문화를 힐난하는 탈영병의 절규는 이랬다. 1950년대 한국전쟁 당시 사용하던 수통을 지금까지 사용하고 있는 21세기 군대라면 무엇을 기대하겠는가라는 외침. 1950년대 난로와 수통이 던지는 화두다. 과거를 극복하는 것과 옛것을 보존하는 것의 차이는 뭘까? 외계인도 아닌 과거에서 나타난 어느 대통령 후보의 등장 배경을 포함해서 말이다.

그래도 좋았다. 시설은 낡았지만 교정을 감싼 공기가 좋았다. 제식훈련을 포함한 교련수업이 있던 시대상황을 감안한다면 학교는 자유로웠다. 명찰을 달지 않는 교복이 너무 좋았다. 모교의 오랜 전통이었다.

생각해보라. 제복을 입히는 1차 목적은 집단 통제에 있다. 효율적 통제를 위해서는 개개인을 구체적으로 제어할 수 있어야 한다. 그 식별 장치가 바로 명찰이다. 학교뿐만 아니라 학교 밖에서도 검정교복 상의 왼편 가슴에 공업용 미싱으로 재봉을 한 하얀색 명찰을 달고 다니는 것을 당연하게 생각하던 시절, 우리 학교는 명찰을 달지 않았다. 이것만으로도 난 자유인이었다.

입학 후 그럭저럭 교실 적응이 끝난 1980년 5월 초. 학교 분위기는 왠지 모르게 어수선했다. 근원을 알 수 없이 떠돌아다니는 얘기. 2, 3학년 선배들이 경찰서에 잡혀갔다는 소문이 돌았고, 선생님들은 얘기하기를 꺼렸다. 한참 뒤에 알게 된 사실, 전두환 신군부의 등장에 반대하는 유인물을 교내에 뿌리려다 선배들 모두가 연행됐다는 것이다.

민주주의란 나무는 피를 먹고 살아간다고 한다.
들으라! 동지여!
우리의 숭고한 피를 흘뿌려 이 땅에 영원한 민주주의의 푸른 잎사귀가 번성하도록 할 용기를 그대들은 주저하고 있는가! 들으라! 우리는 유신헌법의 잔인한 폭력성을, 합법을 가장한 유신헌법의 모든 부조리의 악을 고발한다.

위의 글은 1975년 4월 11일 서울대 농대 캠퍼스에서 유신 정권에 맞서 할복자살한 김상진 열사의 양심선언문 내용 중 일부이다. 김상진 열사는 보성고등학교 15년 선배였다. 할복 당일 절명한 열사는 권력의 방해로 장례식조차 치르지 못하고 화장됐다. 만 5년이 지난 1980년 4월 11일에야 비로소 장례식을 치를 수 있었다. 이 장례가 계기가 돼서 당시 고2, 고3 학교 선배들이 김상진 열사의 양심선언문을 교내에 뿌리려 했던 것이다.

교내에서 벌어진 이 사건은 사회와 정치에 관심의 눈을 갖게 된 단초가 됐다. 그래도 아직 내겐 죽음으로 맞선 독재 항거와 민주주의 쟁취는 감당하기엔 너무 무거운 문제였고, 실행할 수 없는 것이기도 했다.

선배들의 연행이라는 공포는 구체적이었지만 맞서 싸울 이
유는 추상적이었다. 무엇보다도 절절한 나의 문제가 아니라고 생
각했기 때문이다. 그 사건은 열병처럼 뜨겁게 왔다 사라진 해프
닝이었지만, 충격은 기억의 옹이로 흔적을 남겼다. 부조리한 사회
속 개인이 적응하며 살기보다는 그것을 바꾸려는 노력이 주는
진정한 의미를 어렴풋하게나마 고민하기 시작했다. 나만의 자아
를 완성할 자양분이 만들어지기 시작했고, 대학교 입학을 전후
해서 의식이 급성장하는 계기였다.

1983년 대학에 들어갔다. '1980년 광주의 진실'은 규범에
'순응해 온 나를 폭파시킨' 도화선이자 폭발물이었다. 치열했던
학생운동, 구속과 수감. 1987년 6월항쟁의 파고는 교도소 담장을
흔들었고, 그 직후인 7월에 출소를 했다.

1987년 12월 16일, 헌법 개정으로 20여 년만에 시민의 손
으로 직접 대통령을 뽑는 선거가 치러졌다. 박정희에 이은 전두
환 군사정권의 25년 통치를 최종 마감하는 장례식이 될 거라 믿
었다. 그러나, 양김 단일화 실패의 후과는 컸다.

노태우가 13대 대통령으로 당선됐다. 광주 학살을 주도한 세력의 극적 회생 앞에 모든 것이 무너져 내렸다. 바로 그날 난 명륜동 집을 나왔다.

부천, 나의 인생을 다 바친 삶의 터전

1987년 12월, 약간의 옷가지만을 챙겨 부천에 왔다. 벌써 35년 전의 일이다.

저임금, 건강과 생명을 위협하는 열악한 작업장, 근로환경 개선을 촉구할 노조의 부재 등 당시 노동현장은 지금보다도 훨씬 조건이 열악했다. 출소 직후 선배들과 함께 노동현장에서 새로운 삶을 준비하고 있었는데, 대선 패배로 그 결심이 결정적으로 앞당겨졌다.

처음 입사한 곳은 빠우 공장이었다. 광을 낼 때 쓰는 가죽을 뜻하는 영어 buff(일본식 발음 バフ)에서 온 말이다. 금속을 연마해 광을 내는 작업이 종일 이어졌다. 작업 특성상 먼지가 말도 못할 정도로 날렸다. 퇴근할 때면 늘 머리를 감아야 했다. 먼저 빨래비누로 때를 빼내고 다시 세숫비누로 감아야 했으니, 세척 작업과도 같았다.

노동환경을 함께 개선해 보겠다고 들어간 공장이었지만 죽어라 일만 해야 했다.

노동에 찌들고 있는 내가 누군가를 변화시키겠다는 것은 어설픈 관념이었고, 오만이었다.

프레스 공장을 거쳐 1989년 풍림화학에 들어갔다. 주·야간 교대로 사출 기계를 다뤘다. 오전 8시부터 오후 8시까지 12시간 맞교대 노동을 했다. 장시간 노동을 해도 급여는 9만~10만 원 정도. 부천시의 다른 공장들과 비교하면 낮은 임금이었다. 무난히 노동조합을 결성했고, 난 노조 교육선전부장이 됐다. 거칠어진 회사의 대응. 결국 회사는 생산시설을 오산으로 옮기고 부천공장을 폐업하게 된다. 폐업 반대와 밀린 월급을 받기 위한 싸움을 1년 동안 했다.

더 이상 공장생활을 할 수 없었다. 하지만 노동자들 곁을 떠난 것은 아니었다. 부천노동법률상담소가 만들어지고 1991년부터 만 2년 동안 상담실장으로 활동했다. 사법연수원 노동법연구회 회원들과 함께 산업재해, 해고, 임금체불 문제 등을 상담했다. 당시 함께 활동 멤버들은 이홍구 대법관, 박범계 법무부 장관, 구본선 대검찰청 차장, 김도영 민변회장 등이다. 돌이켜보니 인적 구성이 실로 놀랍고도 탄탄하다.

1994년 세상을 뒤흔든 부천 세금도둑 사건이 터졌다. 세금 납부시스템이 전산화되지 않았던 맹점을 이용해 부천시와 인천 북구청에서 공무원들이 조직적으로 세금을 대규모로 횡령해 온 것이 밝혀진 것이다. 이 사건으로 세무공무원 등이 78명이나 구속됐고, 확인된 횡령액만 110억 원에 달했다. 부천시 세금도둑사건 시민대책위원회를 구성하는 데 참여하면서 실무를 책임지는 간사로 활동했다. 이 일을 계기로 정치인의 길을 걷기 시작했다.

시의원 3선 성공과 시장선거 출마에 이어 부천시 옴부즈만으로, 다시 국회의원에 도전하기도 했다. 그동안 시민들의 크고 작은 애환과 민원을 듣고 해결하며 지냈다. 정치적 성과만큼 실패와 좌절의 아픔, 고통을 견디며 여기까지 왔다.

무의미한 시간은 없었다. 성공과 실패 모두 나의 자양분이었다. 청와대 근무 2년 6개월 동안 최선을 다했다. 따라서 아쉬움은 전혀 없다. 부끄럽지 않게 일했고, 나름의 성과를 냈다. 지역화폐 발행 예산 확보, 상권 르네상스 기획, 카드 수수료 인하는 과거에 나를 만들고 나를 키웠던 나의 삶의 가치를 실현한 결과물이다. 내세울 만한 나의 자랑이자 보람이다.

청와대와 대통령은 권력의 최정점을 상징한다. 하지만 청와

노동법률상담소 멤버들

세금도둑 사건

대에 근무하고 대통령을 보좌하는 사람은 손과 발로 살아야 한다. 관료들을 움직이려면 그들을 설득하거나 압박해야 한다. 내면의 동의를 구하다가 벽에 부딪히면 은근한 힘으로 뜻을 관철시킬 수 있는 능력과 의지가 있어야 한다. 이론은 물론 신념과 배짱이 있어야 한다.

에피소드 1_지역화폐 발행예산 증액

2018년 지역화폐 발행 총액은 국비와 지자체 자체 발행을 전부 합해도 4천억 원이 넘지 않았다. 자영업 소상공인들에게 더 많은 혜택이 돌아가도록 2019년 발행 규모를 2조 원 이상 규모로 늘릴 계획이었다.

금요일 퇴근을 앞둔 시간, 행안부 담당자가 전국 시·도 지자체를 대상으로 한 지역화폐 수요조사 결과 1조 원으로 집계됐다는 대면보고를 했다. 전년도 사업 틀에서 벗어나지 않으려고 관성적으로, 형식적인 보고를 한다는 느낌이 들었다. 예산 마무리가 며칠 남지 않은 시점에 올라온 뒤늦은 보고였다. 지역화폐에 담긴 소상공인-자영업자의 소망을 외면하는 탁상행정에 화도 났다.

지역 수요 증액 요청이 없다는 담당자의 보고를 직접 확인해야 했다. 토요일, 일요일 사무실에 출근했다. 단체장들에게 직접 전화를 했다. 부산, 울산, 대전을 포함해 광역단체 시장이나 부시장과 통화한 것은 물론 친분이 있는 기초단체 시장, 군수 모두에게 연락을 했다.

월요일 오전까지 새로운 수요조사가 올라오기 시작했다. 월요일 오전 9시에 부산에서 연락이 왔다. 긴급하게 회의한 결과 2천억 원에서 1조 원으로 늘렸다는 것이었다. 이어 다른 지자체에서도 월요일 오전에 연락들이 왔다. 월요일 이른 아침에 지자체마다 회의를 통해 수요를 대폭 늘린 것이다.

집계해 보니 총 6조 2천억 원에 달했다. 첫 조사에 비해 무려 6배 이상 늘어난 규모였다. 주말을 반납하고 죽기살기로 전화하고 뛴 결과였다. 미친 듯이 일한 성과에 남모르게 눈시울이 찡했다.

에피소드 2_카드 수수료 인하

2018년 광화문 정부종합청사 앞에서 카드 수수료 인하를 요구하는 천막농성이 58일 동안 계속됐다. 주무 부서인 금융위원회는 자영업자들의 면담 요청을 거부하고 있었다.

해결책은 명확했다. 백화점보다 소상공인 수수료가 더 비싼 것을 바로 잡아야 했다. 금융위원회 담당자들과 접촉을 시작했다. 청와대에서 회의할 것을 요청하자 담당자는 바쁘다는 핑계를 대며 시간을 끌었다. 카드사의 반대 로비, 금융위원회의 비협조, 언론의 반대까지 첩첩산중인 형국이었다.

누구라도 좋으니 당장 청와대로 들어와서 협의하자고 말했다. 수

시로 만나 이야기하며 설득하고 압박했다. 미온적인 금융위의 태도를 대통령께 보고드리겠다는 얘기까지 하자 결국 3일 안에 기안을 제출하겠다는 답변이 나왔다.

2018년 11월 26일의 카드 수수료 대폭 인하는 이렇게 이루어졌다. 매출 규모에 따라 다르지만 매달 50만 원 정도, 많게는 수백만 원까지 혜택이 자영업자들에게 돌아갔다. 시내 곳곳에 걸린 자영업자들의 감사 현수막을 스쳐 지나는 것만으로도 기뻤다. 청와대 공직자로서 자긍심이 넘치는 순간이었다.

문재인 대통령을 모시며 함께한 2년 6개월은 내겐 영광의 시간이기도 했다. 그 자리에 갈 수 있도록 배경이 되고 성원해주신 부천시민들에게 소중한 나의 경험을 풀어놓을 방법을 고민해본다. 그것이 부천시민들에 대한 예의이자 보은라 생각하기 때문이다.

그래서 이 책은 부천시민에게 올리는 약식의 보고서이기도 하다. 못 다 쓴 얘기는 향후 더 나은 부천을 실현하는 행정으로 보여드리고 싶다.

한병환을 말한다

내 친구 한병환의 책이 나왔군요. 축하합니다! 글자 하나하나에 땀 흘린 흔적이 담겨 있습니다. 지역화폐와 기본소득에 대한 깔끔한 정리가 글 읽는 재미를 더합니다.

온몸으로 설득하고 결과를 만들고자 청와대를 뛰어다니던 한병환의 모습이 눈에 선하게 들어옵니다. 시민과의 소통, 시민주권위원회가 얼마나 중요한지 누구보다 잘 알고 있고. '지역이 바뀌어야 나라가 산다'는 지방자치에 대한 열정으로 늘 얘기하던 모습이 책 안에 담겨 있네요. 이번 책을 통해 더 많은 시민들과 소통하고 더 많이 사랑받기를 기원합니다. 나의 영원한 친구 한병환 파이팅!

• **고용진**_국회의원

대학시절 한병환 형은 영롱한 눈빛과 선한 얼굴이 잘 어우러진 멋쟁이 청년이었죠. 외모와 달리 격정적으로 시위를 주도하던 형을 지키기 위해 경찰에 맞서 온 몸으로 싸웠던 그때가 기억납니다. 전두환 군부독재가 만들어준 묘한 첫 만남과 인연이 지금까지 이어지네요.

함께하는 사회, 더 열린사회를 꿈꾸던 민주주의자 김근태 의장님을 함께 모시면서, 또 그 뜻을 기리며 각자의 길을 걸었지만 언제나 우린 같은 길을 걸었습니다. 경제적 약자를 위한 정책과 비전을 고민하며 바쁜 나날을 보낸 형의 청와대 시절 활약을 직간접적으로 전해 들었습니다. 그간의 성과와 고민을 짬짬이 엮어낸 글들이 더 없이 소중하고 고맙습니다.

• **기동민**_국회의원

1995년부터 한병환과 저는 친구이자 부천시의원으로 함께 했습니다. 2010년에는 저는 부천시장으로, 한병환은 부천시 옴부즈만으로 또 한 번 함께 일했습니다. 타인을 배려하고, 주변을 북돋고, 시민주권 실현에 헌신하는 것은 한병환의 타고난 천성입니다.

그런 그가 문재인대통령과 청와대에서 일한 경험을 책으로 냈습니다. 경제적 약자 보호와 부천경제 활성화 방안을 모색한 책이라는 점에서 꼭 읽어 보시길 권합니다.

• **김만수**_전 부천시장

영원한 민주주의자 김근태 전국민족민주운동연합 상임의장을 보좌하면서 한병환 선배를 만났습니다. 김근태 의장님과 전국을 다닐 때 그 옆에는 늘 한병환 선배가 함께했었습니다. 지난달에 의장님 10주기 추모행사가 있었으니 오래 전의 일입니다.

젊은 시절 끓어 넘치던 패기와 정의감이 둔탁해질 만큼 시간이 흘렀어도, 한변환 선배는 여전히 한 곳을 바라보고 있습니다. 도끼를 갈아 바늘을 만드는 노력처럼 시대의 변화와 개혁을 이루려면 꾸준한 노력이 절대적으로 필요합니다. 선배가 청와대에서 쏟아 부었던 열정적 노력이 그래서 더 값져 보입니다. '어떻게 경제적 약자를 도울 것인가?' 전진과 후퇴의 길목에서 이 책이 던지는 화두를 마음에 새겨봅니다.

• **김영진**_국회의원

청와대 자영업비서관실 행정관 자격으로 국회를 찾아와 지역화폐 전국사업화를 역설하던 한병환 형의 모습이 또렷이 남아 있습니다. 예산심의는 돈의 용처를 정하는 것이 아니라 자원을 정의롭게 배분하는 일입니다. 지역화폐 발행액이 늘어난다는 것은 국가가 대기업 편중의 경제를 제어하고 중소상공인, 자영업자를 위해 지원한다는 의미라는 것을 형을 통해 명확히 알 수 있었습니다.

2018년 국고지원 지역화폐 발행액이 1천억 원에서 2021년 15조 원대로 확대되도록 큰 역할을 한 형님이 지역화폐와 기본소득에 관한 책을 내셨군요. 영원한 민주주의자 김근태 의장님께서도 기뻐하시겠네요.

• **김원이**_국회의원

제 친구 한병환과 저는 18대 대선 문재인 캠프에서 만나 벌써 10년 지기가 되었습니다. 사람의 진면목은 그 사람이 가장 힘든 순간 나온다고 했나요. 한병환은 국회의원 경선에서, 저는 보성군수 선거에서 떨어지고 둘 다 준비했던 일이 잘 되지 않았지만 한병환은 특유의 긍정적인 마인드와 냉철하고 빠른 판단력으로 문재인 캠프에서 핵심적인 역할을 하면서 다음을 준비했습니다. 어쩌면 가장 힘든 시기였는데도 흔들림이 없었고, 주어진 상황을 바꾸려 애썼습니다.

19대 대선 이후 그는 청와대 행정관으로, 저는 보성군수로 일하며 좀 더 나은 세상을 만들겠다는 공통분모를 가지고 각자의 길을 또 열심히 걸어가고 있습니다. 10년 동안 일신우일신하며 친구가 걸어가는 모습을 지켜봤습니다. 한병환은 부천시의 든든한 버팀목이 될 수 있는 자랑스러운 친구입니다. 친구 한병환의 출판을 진심으로 축하하고, 그의 앞날을 누구보다 큰 마음으로 응원합니다.

• **김철우**_전남 보성군수

부천과 시흥은 사실 같은 생활권, 한 동네입니다. 이웃사촌 한병환 선임행정관(전)을 처음 만난 때는 2004년입니다. 부천시의원이었던 그가 당당히 열린민주당 중앙위원직에 도전장을 내밀며 경기도를 누비던 시절입니다. 자치 재정권, 자치 조직권을 포함한 지방자치와 지방분권을 실현하려면 시민과의 소통이 무엇보다도 중요하다고 역설하던 한병환.

그가 이제 지역화폐와 지역경제 활성화를 주제로 한 권의 책을 발간합니다. 지방분권 시대를 앞당기는 또 하나의 징검다리, 한병환 선임 행정관(전)의 출판기념회를 축하합니다.

• **문정복**_국회의원

한병환과 저는 인연이 깊습니다. 벌써 18년 전의 일인가 봅니다. 노무현 대통령을 모시고 청와대에서 일할 때, 광주에서 올라간 저는 삼청동 숙소에서 살았습니다. 그때 제가 쓰던 그 방을 훗날 문재인 대통령을 모시면서 한병환이 다시금 쓰게 되었던 것입니다.

한병환은 제 아우인 서영석 국회의원과 둘도 없는 친구입니다. 영원한 동지도 적도 없다는 정치세계에서 줄곧 좋은 친구 관계를 유지한다는 것은 말처럼 쉬운 일이 아닐 것입니다. 제가 지켜본 바로는 한병환과 서영석은 정치적인 이해관계를 따지지 않는 동지이자 진짜 친구입니다. 18년 전 제가 쓰던 방을 이어받은 한병환의 앞날에 좋은 일이 가득하기를 빌어봅니다. 더불어 부천시민의 따뜻한 응원도 함께 부탁드립니다. 좋은 사람 한병환, 힘내자!

• **서대석**_광주광역시 서구청장

저는 군산을 지역구로 두고 있습니다. 2018년 군산에 지역화폐가 발행되자 지역경제가 꿈틀거리기 시작했습니다. 고용위기 지역인 군산에 지역화폐가 얼마나 필요한지, 위기 해소에 얼마나 큰 도움이 되는지를 한병환 행정관(전)과 함께 숙의하던 때가 엊그제 같습니다. 그런데, 이제 지역화폐는 전국사업, 국가사업이 되었습니다. 대단히 고맙고 다행스러운 일입니다.

여기에 그치지 않고 지역화폐와 기본소득을 주제로 지역경제 활성화를 위한 고민을 담은 책을 출판하셨군요. 지역화폐 전도사 한병환의 열정에 다시 한 번 감사와 고마움을 전합니다.

• **신영대**_국회의원

청와대에 근무하며 관사 생활을 하던 시절, 코고는 소리가 들릴 정도로 가까운 옆방엔 한병환 선임 행정관이 계셨죠. 가끔은 늦은 밤 숙소 동료들과 가볍게 맥주를 마시며 얘기를 나누곤 했습니다. 촛불정부의 국정을 다룬다는 중압감과 민생을 해결한다는 자부심이 뒤섞인 대화들은 서로에게 소중한 시간이었습니다.

몸은 힘들었어도 늘 행복했던 청와대의 경험을 오롯이 녹여낸 한병환 선임행정관의 기록을 제 나름 요약해 봅니다. '열정과 원칙은 관료적 타성에 빠진 공무원들을 설득하는 최상의 노하우이자, 미래 사회로 나아가는 힘이다.' 한병환의 열정이 더 널리 퍼지길 기원하고 응원합니다.

· **윤영덕**_국회의원

지난해 우리나라는 유엔무역개발회의UNCTAD에서 선진국으로 진입했습니다. 그러한 쾌거에도 우리 앞에는 많은 과제가 놓여 있습니다. 대자본을 앞세운 대기업의 중소유통망 침탈이 계속되고 소상공인의 삶은 나날이 어려워졌습니다. 이를 해결하고자 문재인 정부 초기 대통령비서실에 자영업비서관실을 새로이 설치했습니다.

한국중소상인자영업자총연합회 사무총장으로 일하며 자영업비서관실 한병환 행정관을 만났습니다. 자영업 종합대책, 카드수수료 인하, 지역화폐 전국 확산을 위해 함께한 시간, 남다른 열정을 기억합니다. 그간의 땀과 열정이 모여 하나의 책이 됐습니다. 이 책에는 우리가 걸어온 길, 가야 할 길이 오롯이 담겼습니다. 이를 통해 코로나19로 소상공인자영업자 분들께 조금이나마 위로와 희망이 전해지길 소원합니다.

· **이동주**_국회의원

제 지역구인 양천구와 부천은 이웃한 마을입니다. 오랜 인연이지만, 문재인 정부 대통령비서실 시민사회수석으로 있을 때 한병환 후배와 자주 만날 수 있었습니다. 바쁜 청와대 일정 속에서도 틈틈이 이야기를 나눴습니다. 시민운동을 해온 저로서는 학생운동, 노동운동, 시민운동을 경험하고 정치인으로 경력을 쌓은 한병환 후배로부터 들을 수 있는 이야기가 참 많았습니다.

늘 노력하는 한병환의 모습이 보기 좋습니다. 늘 지켜보며 응원하겠습니다. 많은 분들이 이 책을 통해 한병환과 소통하시길 바랍니다.

• **이용선**_국회의원

친구 한병환과 정말 많은 곳을 함께 돌아 다녔습니다. 이런저런 얘기를 참 많이 나눴죠. 일몰이 황홀했던 춘천 인형극장에서 그가 한 말이 두고두고 기억이 납니다. "먹고 사는 문제가 늘 우릴 힘들게 하지만, 그래도 지역 사회를 위해 뭐라도 보탬이 되고자 노력하는 인생을 살자."

바쁜 청와대 생활로 한동안 격조했는데, 책 출간을 한다는 소식을 전해 왔습니다. 자영업비서관실에서 지역화폐 예산을 놓고 공무원들과 격한 논쟁을 한 경험이 녹아 있겠지요. 현장감이 살아 있는 지역화폐 이론서, 저뿐만 아니라 다른 많은 지역정부에 큰 도움이 되리라 정말 기대가 됩니다. 고맙다, 병환아! 애썼다.

• **이재수**_춘천시장

후생가외後生可畏! 공자께서는 노력하는 후배는 두려워할 만하다고 하셨습니다. 좌표를 잃지 않고 꾸준히 실천하는 사람이라면 누구든 존경받아 마땅합니다. 한병환은 꾸준히 노력하는 사람으로, 제가 아끼는 몇 안 되는 후배입니다.

지역화폐 확대를 위한 그의 열정은 주변에 선한 파급을 주었습니다. 지자체에 직접 전화를 걸어 수요조사를 하던 실행력은 책상머리가 아니라 현장에 답이 있다는 진리를 몸으로 보여준 사례입니다. 그 경험을 글로 녹여낸 성과물이 지역사회에 선한 파동을 그리며 널리 퍼지길 기대합니다.

• **정태호**_국회의원

인천시 중구 신포국제시장은 닭강정과 만두의 성지, 쫄면의 원조라 할 만큼 자랑거리가 많은 곳이지만 상권 침체가 크게 우려되는 곳이었습니다. 이곳 상권을 되살릴 수 있었던 것은 상권 르네상스 프로젝트였습니다. 쇠퇴한 구도심에 상권 활성화 구역을 지정하고, 자생적 경쟁력을 갖추도록 다양한 정책지원을 하는 사업입니다.

이 프로젝트를 주도한 사람이 한병환 선임행정관(전)입니다. 지역화폐를 통한 지역경제 활성화라는 주제를 담고 있는 이 책의 저자 한병환 아우를 저는 '골목상권 전문가'라 부르겠습니다. 소상공인들과 지역경제 활성화를 고민하는 분들에게 일독을 권합니다.

• 홍인성_인천광역시 중구청장

선한 마음을 잃지 않는 선배님의 모습이 늘 보기 좋습니다. 노무현재단 기획위원으로 함께 활동할 때, 늘 문화도시 부천을 말씀하셨지요. 부천의 필하모닉오케스트라, 국제판타스틱영화제, 만화박물관에 대한 이야기는 귀에 못이 박혀 있습니다.

'지역 문화와 결합한 상권 살리기'는 이번 책에서도 언급이 되고 있더군요. 중앙정부와 지방정부가 주도적으로 발행하는 지역화폐는 양적 성장을 가능케 했지만, 지역 상권을 기초단위로 하는 지역화폐가 발행된다면 지역 상권은 더 활성화될 것이라는 생각에 동의합니다. 자연스레 지역 문화가 시민들 삶속에 스며들겠지요. 더 많은 영감을 얻기 위해 꼼꼼히 읽도록 하겠습니다.

• 황희_국회의원